Cómo conseguir todo sin esforzarse demasiado

Prentice Hall
es un sello editorial de

PEARSON

Cómo conseguir todo sin esforzarse demasiado

RICHARD TEMPLAR

Traducción: BGA Traducciones

Prentice Hall
es un sello editorial de

PEARSON

Harlow, England • London • New York • Boston • San Francisco • Toronto • Sydney • Singapore • Hong Kong
Tokyo • Seoul • Taipei • New Delhi • Cape Town • Madrid • Mexico City • Amsterdam • Munich • Paris • Milan

Cómo conseguir todo sin esforzarse demasiado
Richard Templar

De esta edición:
© 2010 PEARSON EDUCACIÓN, S.A.
C/ Ribera del Loira, 28
28042 Madrid (España)

ISBN: 978-84-8322-652-0
Depósito Legal: M-25054-2010

Traducido de: *How to get things done without trying too hard*
ISBN: 978-0-273-72556-5
© Richard Templar 2009

This translation of How How to get things done without trying too hard 01 Edition is published by arrangement with Pearson Education Limited, United Kingdom.

Traducción: BGA Traducciones

Editor: Jesús Domínguez
Director de producción: José Antonio Clares
Cubierta: Equipo de diseño de Pearson Educación, S.A.
Composición: Artedís, S.L.L.
Impreso por: Rigorma Grafic S.L.

IMPRESO EN ESPAÑA - *PRINTED IN SPAIN*

Este libro ha sido impreso con papel y tintas ecológicos

Para mi estupenda editora y mejor amiga, Rachael; sin ella jamás habría hecho posible este libro.

Contenido

Introducción xi

Lo que puedes y lo que no puedes 2
Organízate 4
No tienes que cambiar de personalidad 6
Conócete a ti mismo 8
Busca un hueco 10
Sigue una rutina 12
No te digas a ti mismo que eres aburrido 14
No te distraigas 16
Piensa en lo que debes pensar y no en otra cosa 18
Que no cunda el pánico 20
En pequeñas dosis, pero a menudo 22
Piensa en positivo 24
No pierdas el tiempo 26
Aprovecha los buenos momentos 28
Haz los trabajos que no te gustan 30
Ponte límites 32
Invierte ahora, ahorra después 34
No abarques demasiado 36
No desaproveches tu tiempo libre 38
Sé responsable 40
La gente no cambia 42
Haz listas 44
Preparado para un buen comienzo 46
Visualiza los objetivos ya logrados 48
No tengas tantas cosas 50
Haz listas de equipajes para los viajes 52
Adquiere buenos hábitos 54
Cada cosa tiene su sitio 56
Programa la semana 58

Apunta todo en un cuaderno 60
Cuenta los bultos 62
Racionaliza el exceso de trabajo 64
Economiza tus movimientos 66
Multitarea 68
Haz acopio de reservas 70
Prepara doble de todo 72
Pon el cepillo de dientes al revés 74
Clava una nota en la puerta 76
No permitas el desorden 78
Aprende a ser ordenado 80
Los niños también tienen tareas 82
No lo hagas todo tú solo 84
Pon fechas límite falsas 86
Utiliza el sistema de reposición 88
Haz una lista de la compra 90
Lee más rápido 92
Ahorra tiempo 94
Adelántate 96
Recuerda los cumpleaños 98
Envuelve los regalos de Navidad 100
Concédete algún premio de vez en cuando 102
Busca pequeños alicientes 104
No dudes 106
Prepara el terreno 108
Si tienes que decidirte por algo, hazlo 110
Échalo a cara o cruz 112
Cuéntales la decisión tomada 114
Afina tu don de gentes 116
Sé firme 118
Aprende a decir No 120
Mantente en tus trece 122
Distingue: hay gente a la que le resbala lo que le digas 124
Di lo que piensas 126
Estate tranquilo 128
Cuenta hasta diez 130

Ponte en su lugar 132
El análisis profundo 134
Aprende a delegar 136
Saca lo mejor de cada uno 138
Céntrate en lo que importa de verdad 140
Prioriza 142
Aprende a distinguir lo que es urgente (de lo que no lo es) 144
Organiza la lista de cosas pendientes 146
Haz hueco para tu momento de ocio 148
Planifica tu vida 150
No te limites a apagar fuegos 152
Lleva un diario meticuloso 154
Aprende a distinguir 156
Organízate en el trabajo 158
Debes saber hacia dónde vas 160
Debes saber qué estás haciendo 162
Primero el negocio; luego, el ocio 164
No lo dejes para una semana después 166
No hagas las cosas dos veces 168
Haz las cosas en su momento 170
Organiza tu espacio 172
No pierdas el tiempo leyendo cosas que no necesitas 174
Ten las cosas juntas 176
Asegúrate de que el *boomerang* vuelve 178
Respeta y haz respetar la hora de las reuniones 180
No te desvíes de tu objetivo 182
Evita reuniones innecesarias 184
No dejes que te interrumpan 186
No te distraigas con el teléfono 188
Escoge entre email y teléfono 190
Reduce tu bandeja de entrada 192
Olvídate del *ping* 194
Deja los juegos 196
Acaba con ello 198
No lo dejes 200

Introducción

Creo que no me equivoco si digo que te has comprado este libro porque crees que no haces todo lo que puedes. Sea porque abarcas demasiado o porque las cosas se complican de vez en cuando... el caso es que a veces te sientes bloqueado e incapaz de terminar las cosas a tiempo; es una lucha de la que nunca sales vencedor. Si te comparas con los demás aún lo entiendes peor: parecen no esforzarse demasiado por tener bien organizadas sus vidas. ¿Por qué no podré hacer yo lo mismo?, te preguntas.

Bueno, te diré un secreto. Ellos se esfuerzan. ¡Vaya si lo hacen! Recordar las fechas, tener a punto la casa y priorizar en el trabajo no es algo innato; se trata de poner en práctica técnicas y estrategias que tú probablemente no conoces. De hecho, si lo piensas, seguro que te acuerdas de alguien (superorganizado) que jamás recuerda las cosas; ¿cómo es posible, entonces, que te felicite todos los años? Pues a base de técnicas y de entrenamiento.

Necesitas aprender algunas cosas prácticas y muchas de ellas están en este libro; sin ellas, no podrías hacer nada. Pero también tienes que cambiar tus hábitos: cómo plantearte las tareas o cómo hacer listas de cosas o trabajos pendientes es fundamental.

Después de muchos años observando a la gente, te puedo asegurar que los que más abarcan (tienen horario completo en el trabajo, crían a sus hijos y cuidan de sus padres ya mayores, ayudan en alguna organización benéfica además de tener un jardín en perfectas condiciones) son los que menos parecen esforzarse. Da la impresión de que todo lo hacen sin apenas esfuerzo, fácil, suavemente.

Esta gente sabe cosas que los demás no sabemos. Por ejemplo: sabe cómo enfrentarse a un montón de trabajo sin echarse a temblar; mantenerse bien sin irse abajo y conseguir hacerlo igual de bien a la mañana siguiente, cuando suena el despertador y de nuevo empieza la misma rutina. El truco está en la cantidad de estrategias que dominan; será por eso que apenas parecen esforzarse.

A lo mejor no es tan difícil, pero parece un tanto inverosímil, irreal, improbablemente simple. Ahí está y es real.

Pero se necesita práctica para aplicar bien estas estrategias. Y lo primero es tener la actitud apropiada. De eso trata este libro. De los trucos que he aprendido observando a la gente durante años, de sus actitudes para conseguir sus objetivos, que las cosas queden hechas y de sus estrategias.

No es fácil conseguirlo de un día para otro. Lo primero que debes hacer es echar una ojeada a los capítulos y ver por cuál te gustaría empezar: por los que te resulten más fáciles o los más necesarios. Depende de ti. Una vez los hayas puesto en práctica en tu vida normal, debes ir poco a poco añadiendo los demás y así paulatinamente. Sin apenas darte cuenta, un día descubrirás que consigues hacer muchas más cosas de las que hacías antes y sin esforzarte más. ¡La vida resulta más fácil!

Por supuesto, antes de empezar, debes comprometerte a hacerlo. En tu lista de cosas pendientes, lo primero será leer el libro.

Me encantaría conocer más trucos; si tienes alguna idea o sugerencia, no dudes en escribirme al correo Richard.Templar@RichardTemplar.com.

Richard Templar

Lo que puedes y lo que no puedes

Me parece que fue Henry Ford el que dijo: "Tanto si piensas que puedes, como que no puedes, seguramente tienes razón".

Es decir, que si te paras a pensar en todo lo que tienes que hacer, probablemente dirás: "No voy a poder con eso". Pero si piensas: "Hombre, esto es bastante, me llevará tiempo conseguirlo, pero creo que podré hacerlo", acabarás por hacerlo.

No eres distinto a los demás. Piensa un momento en esa persona que, aún estando súper ocupada, no se olvida de elegirte el regalo que te gusta o de llevar el ramo de flores cada vez que alguien le invita a comer.

Si él lo puede hacer, también puedes tú. Y debes convencerte de ello. Al menos, piensa en esa posibilidad. En el momento que te sientas desfallecer, piensa que es posible; terminar las cosas está en nuestra mente; una vez que aprendas eso, que tienes las mismas herramientas que los demás (cerebro, un par de manos) verás que es fácil y que lo puedes conseguir sin esfuerzo.

ORGANÍZATE

A todos nos gustaría ser ordenados; al menos, en algunas cosas. No importa mucho el desorden a la hora de ponernos a cocinar, pero queremos encontrar las llaves del coche en cuanto vamos a salir; no nos molestan las sorpresas en vacaciones, pero sí las impuntualidades en las reuniones de trabajo.

Si quieres más orden, te tienes que comprometer. No es cuestión de un día, ni de un capricho; hay que quererlo, porque es una verdad que la vida te cambia con orden.

Si es eso lo que quieres, no es tan complicado conseguirlo. Lo difícil es llegar a desearlo en serio. Si todavía no has llegado a ese punto, lo mejor es que te pases una o dos semanas observándote y comprobando si tu vida no es más complicada y estresante de lo necesario por culpa del desorden. ¿No te asustaste el día que no encontrabas el maldito billete? ¿Y no corriste como un loco a aquella reunión por no haber terminado a tiempo? Ya son años con montones de papeles sin resolver y todo por la pereza de poner orden de una vez por todas. ¿Acaso no te dio rabia comprobar que se te había vuelto a olvidar el cumpleaños de esa persona? (y ya van cinco años consecutivos).

Cuando te des cuenta del estrés que te puedes ahorrar con un poco más de orden, te comprometerás y harás cualquier cosa por conseguirlo.

No tienes que cambiar de personalidad

Si la imagen que tienes de ti mismo es la de una persona desordenada, puede que no quieras cambiarla. Ya sé que nadie dice de uno mismo que es desordenado; más bien se ampara en palabras como espontáneo, amante de la libertad o simplemente despistado. Asociamos la idea de persona ordenada a la persona aburrida, inflexible, madura, falta de pasión y predecible. Y, sin embargo, todos tenemos amigos, conocidos, familia a nuestro alrededor, que no es nada de todo eso y, sin embargo, no pierde la lengua cada vez que tiene que llegar puntual para tomar un tren.

Sé cómo te sientes. A mí tampoco me gusta la idea de la persona ordenada; no va con la imagen que tengo de mí mismo. La verdad es que mantener mucho orden no va con mi imagen, porque he aprendido cómo hacer las cosas bien a lo largo de muchos años, pero es mi actitud la que he cambiado. En el fondo, no soy ordenado en absoluto; sigo siendo tan nervioso, espontáneo e impredecible como era[1], pero ahora hago listas de cosas pendientes y me acuerdo de dónde dejo las gafas.

No te preocupes. No tienes que convertirte en una de esas personas aburridas, sosas y ordenadas que tan poco te gustan. Puedes seguir siendo tan divertido, frívolo y activo como hasta ahora; pero con la diferencia de ser, además, eficiente y ordenado.

[1] Al menos, eso es lo que me gusta pensar que era.

Conócete a ti mismo

Mi vida es un desastre: en las listas de cosas pendientes, siempre queda alguna cosa sin hacer. Antes pensaba que si pudiera solucionar eso, todo iría mejor y podría, al fin, relajarme un poco, pero eso no es así.

Lo gracioso es que he encontrado la solución a ese problema observando a los demás, ¿y sabes qué? Que no es tal problema. De hecho, *me gusta* llevar una vida tan liada. Cada vez que tengo un poco de tiempo libre, ¿a qué lo dedico? ¿A jugar al golf, a leer, a tomarme un café? No. He encontrado algo a lo que dedicar ese tiempo. ¿Por qué? Porque de verdad eso es lo que me gusta.

Si tu vida es un ir de aquí para allá continuo, piensa si es eso de verdad lo que quieres y no te pongas nervioso. Reflexiona un momento sobre tu calidad de vida. Yo mismo he pasado por temporadas que no tenía tiempo casi ni para lavarme los dientes o ir de compras: es absurdo. Pero me gustaba lo que hacía y no me daba apenas cuenta. Al final, reconozco que no quería cambiar ese estado; así era feliz.

Si eres de ese estilo de persona, encontrarás miles de estrategias en este libro para hacer las cosas que deben hacerse y, además, tiempo de sobra para dedicarte a las cosas que te gustan. No sueñes con tener millones de horas de tiempo libre: en el fondo, tampoco quieres eso. Lo único que quieres es tiempo para disfrutar de las cosas que te gustan y que, de verdad, te hacen feliz.

BUSCA UN HUECO

El mayor obstáculo para la eficacia es la falta de tiempo. Con tiempo, un chimpancé podría mecanografiar las obras completas de Shakespeare y nosotros podríamos concluir todas las tareas pendientes, finalmente.

Pero es justo lo que no tenemos, tiempo. Por eso, lo primero que tienes que hacer es saber cómo hacer un hueco, cómo buscar media hora para quitarte la presión diaria o un día entero para dar por terminado un proyecto.

Para empezar, piensa en las cosas que podrías hacer más rápido. Una sopa de sobre en vez de un delicioso (pero lento) caldo de verduras; por lo menos te ahorras media hora. Delegar parte de tu trabajo en alguien más. Comunicarte por email en vez del teléfono (sobre todo con ese parlanchín) y organizar turnos para llevar a los niños al colegio. Hay muchas cosas que se pueden hacer más deprisa; este libro está pensado, de hecho, para que ahorres tiempo.

Si quieres buscar tiempo para hacer algo concreto, aplica mi técnica favorita: imagina que ha ocurrido algo. Si eres muy sensible, no te pongas en lo trágico. Imagina, por ejemplo, que hay un corte de luz y no puedes usar el ordenador durante 24 horas. ¿Qué harías? Sea cual sea la respuesta, hazlo tal cual, aunque no tengas corte de luz. Imagina que tu padre se ha tenido que ir corriendo al hospital[2] y que te tienes que quedar con tu madre todo el día. ¿Lo ves? Cuando es importante, siempre encontramos tiempo; pues piénsalo así para las cosas normales también.

[2] Está bien; no es nada importante.

SIGUE UNA RUTINA

Yo antes odiaba las rutinas. Tenía una rutina muy sencilla: dormía por la noche y hacía tres comidas al día. Pero al contrario que la mayoría de la gente, me permitía un lujo: trabajaba desde casa. Por lo tanto, yo mismo me ponía mis horarios y decidía no sólo qué horas trabajaba, también qué días.

Cuando nació mi hijo mayor, me encontré con que cada vez era más difícil hacer las cosas que antes hacía. Hacer la comida, trabajar y cuidar de un niño pequeño poco dormilón es cansadísimo. Y mi mujer estaba igual que yo, así que decidimos poner un poco de rutina en nuestras vidas. Por ejemplo, cuidaríamos del niño en turnos unas cuantas horas por las mañanas.

Fue como apretar un botón. La vida se hizo más llevadera, más fácil; y metimos más rutina aún. ¡Qué maravilla! Descubrimos que cuanto más complicada es una vida, más sencilla se hace a base de rutina. Tener pequeños hábitos de estudiante o de jubilado es bueno, pero tenerlos cuando tienes una vida complicada, es un lujo que no todos nos podemos permitir.

Intenta sacar al perro a la misma hora todos los días, cambia las sábanas los domingos por la mañana, dedícate a la correspondencia los lunes por la tarde, llama a tu madre justo después del telediario y revisa los email después de comer. Cuanta más rutina metas a tu vida, menos problemas te encontrarás para llevar a buen término lo que te propongas. Y no; eso no significa que te conviertas en una persona aburrida. Si es eso lo que piensas, vuelve la página...

No digas de ti mismo que eres aburrido

Eres de los que piensan que es aburrido ser ordenado, práctico y hacer las cosas como se debe? ¿Te parece un rollo hacer listas, llevar un diario y acordarte del cumpleaños de tu sobrino?

Bueno, pues lo siento mucho, pero eso no se lo cree nadie. Efectivamente, algunas de estas cosas no parecen demasiado apetecibles, pero te aseguro que se disfruta mucho más de una vida ordenada que de una desordenada. ¿Por qué? Porque cuando consigues terminar lo que te propones te evitas aburrimientos, más listas pendientes y diarios. Dime de verdad si alguna de estas situaciones que te describo a continuación no te resultan espantosamente aburridas:

- Pasarte más de una hora en el andén de una estación esperando, ya que has perdido el tren que querías tomar.
- Pasarte horas en el teléfono intentando convencer a un operario de la compañía para que no te corte la luz porque se te pasó pagar el recibo.
- Pasarte la noche levantado terminando el informe para tu jefe, pues no lo hiciste cuando debías.
- Levantar la casa de arriba abajo intentando encontrar el pasaporte ya que mañana te vas de vacaciones a primera hora.
- Pelearte con colas y colas de gente para comprar los regalos de navidad que has dejado para el último momento.

Y eso no es nada. De acuerdo, de acuerdo, ya veo que te he convencido y que no quieres ni oír hablar de lo aburrido que resulta ser ordenado.

NO TE DISTRAIGAS

No sé tú, pero yo pienso que en este caso, es Internet el gran culpable. No es algo que hago deliberadamente, pero si estoy buscando algo en el ordenador, acabo enredándome con otras cosas.

La única manera de no distraerte es ser sincero contigo mismo. Decirte en un momento dado: "Me estoy entreteniendo con estas cosas y no tengo tiempo". Incluso si ves que eso no basta, te podías hacer una nota para recordarte en todo momento en qué estás trabajando. Es una manera de obligarte y decidir si merece la pena seguir en Internet.

Por supuesto, seguro que te has metido en algo que te interesaba, pero eso no quiere decir que lo tengas que hacer justo ahora. Hay que hacer la colada, sí, pero no en el momento de escribir la lista de la compra. Termina primero eso y luego haces lo otro. Hay que contestar los email, sí, pero primero termina con la preparación de la reunión de esta tarde. Luego contestas los correos.

Dejar las cosas para más adelante… qué fácil resulta… hasta que tú mismo eres consciente de ello y te dices a ti mismo que no, que debes hacerlo ya, en este momento. Enfréntate a la realidad; es mucho mejor.

PIENSA EN LO
QUE DEBES PENSAR
Y NO EN OTRA COSA

Me encanta remolonear y dejar las cosas para más adelante; soy un maestro en ese arte. Me puedo pasar toda una mañana tomando cafés y haciendo listas de cosas pendientes en vez de sentarme a trabajar como debería. De adolescente (como todos) era capaz de perder más tiempo pensando en cuándo repasar un examen que haciendo de verdad ese repaso.

Lo hago sólo cuando me da una pereza enorme trabajar en lo que debería. Cuando no quiero ni pensar en ello; generalmente, porque es algo un poco difícil o porque requiere más trabajo del que yo quiero dedicarle. A veces implica tener una conversación con alguien; otras sólo se trata de arreglar el coche o limpiar el horno.

Sea lo que sea, hay que aprender a notar esos síntomas de dejadez. Imagino que ya los reconoces. Pues bien, en cuanto los notes y veas que pones en marcha tus tácticas de demoras, enfréntate y pregúntate por qué. ¿Por qué no quiero ponerme a trabajar en esto? Tienes que romper esa pauta y hacerlo. Si eso no funciona, hazte la pregunta antes de que aparezcan los síntomas. Al final, te alegrarás de haberlo hecho.

QUE NO CUNDA
EL PÁNICO

A veces nos agobia la sobrecarga de trabajo. No sabemos por dónde empezar y sólo ver lo que tenemos delante nos deja sin reacción. Bueno, vete poco a poco.

Sea como sea, tú sólo puedes hacer una cosa a la vez. Lo puedes hacer rápido, bien y con eficacia, pero sólo una a la vez.

Así que céntrate sólo en lo que puedes y no mires hacia otro lado. Sólo un cuarto de la casa, no los tres pisos. Sólo un papel encima de la mesa, no la mesa llena. Empieza por lo que más prisa corra y luego atiende lo demás. Hay que hacer el muro ladrillo a ladrillo, sin pensar en cuánto nos va a llevar; hay que trabajar con tesón hasta sentir que lo estás haciendo bien. Una vez terminada la tarea, te sentirás tú mismo sorprendido de lo que has conseguido.

Pon en práctica las estrategias que te enseñamos en este libro (y otras que tú conozcas) y conseguirás terminar las tareas a tiempo y con buenos resultados; una vez superado el pánico a la sobrecarga, el trabajo va saliendo. Siempre.

En pequeñas dosis, pero a menudo

Ya sabes lo fácil que es acumular trabajo y lo agobiante que resulta después. El truco está en ir ordenando, archivando o llevando un diario al día; puedes hacer como yo: una mezcla de esos tres y alguno más. Tal y como he ido aprendiendo lenta y dolorosamente a lo largo de los años, se trata de pequeños gestos, pero a menudo.

No cuesta nada guardar ese informe que te acabas de leer; lo haces sin darte apenas cuenta. Igual que llevar un diario al día: si todas las mañanas le dedicas unos segundos, no cuesta esfuerzo. Sólo con poner las cosas en el sitio correcto, ya estás avanzando; no sería ni siquiera necesario ordenar los papeles (más difícil me parece conseguir que la familia te haga caso).

Son hábitos que tienes que ir adquiriendo y que al principio cuestan un poco. Luego, en unos días, empiezas a notar la diferencia; ¿qué papeles vas a amontonar?, ¿esos que te dan tanta pereza y luego tardas años en resolver? Pues la estrategia va a empezar justo con esos; así verás cómo funciona.

Piensa en positivo

Se trabaja mejor y más rápido cuando estás de buen humor y ves las cosas desde un punto de vista positivo. Céntrate en las cosas que ya has hecho, no en las que te quedan por hacer.

Recuerda que, quieras o no, el trabajo hay que hacerlo y el mundo no se para si no lo haces. Si lo dejas aparcado, es porque no es tan importante; si lo fuera, te esforzarías, está claro.

He conocido a gente tremendamente ocupada que sólo para ante hechos realmente importantes: un edificio en llamas, un fallecimiento o un negocio que se va al traste. El mundo sigue girando, sin embargo. No te obsesiones con los pequeños detalles y mira las cosas con cierta perspectiva. No tienes tiempo para la compra hoy; no sufras, seguro que en la nevera queda algo para cenar; tus niños no van a pasar hambre. No has podido dedicarte a los email y mañana tendrás el doble: pues ve poco a poco, contestando sólo los que son urgentes. Si no cambias las cosas, no tiene sentido estresarte.

Mira el lado positivo de las cosas y piensa en lo que *ya* has conseguido. Te asombrarás de lo que eres capaz de hacer.

NO PIERDAS EL TIEMPO

Hay cosas que nos hacen perder tiempo. Una de ellas, como ya hemos comentado, es Internet. No quiero criticarlo, porque reconozco que es un invento fantástico que hace que nuestras vidas sean mejores, etc., pero también es verdad que nos hace perder bastante tiempo.

Todos lo perdemos con ciertas cosas. En mi caso, con el *backgammon*. Una vez empezado, no soy consciente de las horas, como ocurre con otros juegos electrónicos como la Play Station o la Wii. Hay gente que se pasa la vida en la cocina haciendo exquisitos platos, cuando podría hacerlos precocinados en pocos minutos o gente que se dedica a limpiar sin enchufar la aspiradora, sabiendo el tiempo que se podría ahorrar. También hay personas a las que no se las puede dedicar poco tiempo: necesitan un mínimo de dos horas para contarte cualquier cosa; no les basta un rato.

Cuando tienes tiempo de sobra, todo va bien, pero si andas apurado, tienes que saber cómo economizar y aprovechar cada minuto. Huye de todo lo que te puede hacer perder tiempo; reserva esas cosas para momentos de ocio.

Aprovecha los buenos momentos

Todos tenemos nuestro buen momento del día para trabajar. Tengo entendido que suele coincidir con la hora de nuestro nacimiento, aunque en mi caso no se cumple, la verdad. Tampoco es de mucha ayuda para aquellos que no saben a qué hora nacieron. Además, creo que ese buen momento, al menos en mi vida, ha ido cambiando poco a poco.

Cuando mejor trabajaba antes era de madrugada, hacia las 2; supongo que era por el silencio y la tranquilidad. Ahora, es en la primera mitad de la mañana cuando más rindo. A lo mejor tú eres persona de tarde o de noche; quizá cuando mejor te sientes es a las 5 de la madrugada (yo desde luego, no; odio madrugar).

El caso es saber a qué hora estás mejor y aprovecharlo; no perder esas horas buenas haciendo algo inútil. Ponerte con trabajos que requieren tu máxima concentración, que te dan pereza… o adelantar definitivamente con esa lista de cosas pendientes que arrastras de aquí para allá. Eres tú el que debes distribuir bien tu tiempo, pero no lo malgastes sabiendo que tienes cosas que hacer.

HAZ LOS TRABAJOS QUE NO TE GUSTAN

Si dejas para el último momento lo que menos te gusta, te encontrarás con que debes esforzarte el doble al final. No hay nada más práctico que una fecha límite, aunque también tiene sus desventajas:

- Si no tuvieras una fecha límite, lo demorarías indefinidamente.
- Sientes cierta ansiedad; si lo tuvieras ya hecho, estarías mucho más tranquilo.
- No vas a hacerlo tan bien como lo harías sin tener el reloj encima.

Ya sé que no te apetece nada ponerte con este trabajo, pero tendrás que hacerlo tarde o temprano; también sé que si te lo pudieras quitar de en medio, ya lo habrías hecho. Piensa sólo por un momento cómo te sentirías mañana si: a) ya lo tuvieras terminado o b) estuviera sin empezar, siquiera. Porque, no nos engañemos, esas son las dos únicas opciones que tienes: lo quieras o no, *tendrás* que hacerlo. Lo único que tienes que hacer es barajar cuándo.

Estoy seguro de que serás feliz una vez terminado el trabajo, así que venga, ánimo, hazlo. Ya. Ahora.

Ponte límites

Sea lo que sea en lo que trabajes, hay unas cuantas cosas a las que hay que dedicarles tiempo. Incluso yo, como escritor, a quien se supone que todos los días hago lo mismo, le viene bien tenerlo claro. Yo no me paso el día sentado escribiendo. Planifico nuevos proyectos, corrijo pruebas de lo que ya tengo escrito, contesto correos electrónicos y organizo los papeles y las facturas de casa (demasiadas, diría yo). También tengo que dedicarle tiempo a la colada, la compra y a salir con el perro. Todas estas tareas se pueden hacer en cualquier momento del día si no tienes planeado algo específico.

Trabajes o no, estas cosas están ahí y uno de los inconvenientes que tiene terminar todas las tareas es que alguna se te escapa. De pronto te das cuenta de que es demasiado tarde para ir a la compra; que son más de las tres y media y todavía no has mirado los correos o que todavía no te has sentado a escribir porque te has dedicado a otras cosas[3].

La solución es ponerte hora de inicio y hora de fin y que sean realistas, es decir, que den resultado. Por ejemplo, cuando estoy escribiendo, me pongo como hora límite para hacer colada, limpieza y cosas así, las 9 de la mañana. De 9 a 10 me dedico a las cosas urgentes y contestar email y a partir de esa hora, me pongo a escribir.

Eres tú el que debe decidir el horario que mejor te va, pero si no te pones hora de comienzo y de fin, no te va a funcionar. Te lo aseguro.

[3] ¿Quién, yo?

INVIERTE AHORA, AHORRA DESPUÉS

Ya sé que el objetivo de este libro es conseguir hacer las cosas *sin esforzarse demasiado*. Pero a veces, hay que trabajar un poco más para poder relajarse después.

¿Cuántas veces te has planteado: "Si hubiera hecho esto y lo otro, esto iría ahora mucho más rápido"? La próxima vez no lo pienses, hazlo. Dedica dos horas a montar un sistema de archivo en condiciones; no vas a volver a perder más tiempo buscando el dichoso papel perdido[4]. Es un tiempo que le quitas al trabajo, claro, pero un tiempo muy bien invertido.

Si tuvieras una rotación de turnos para la recogida y llevada de los niños al colegio, te ahorrarías tener que ir todos los días. Por supuesto, tendrás que llamar por teléfono a los padres para organizarlo, pero es un tiempo bien invertido, sin dudarlo.

No te permitas el pensamiento de: "Si hubiera hecho esto…"; actúa ahora, ponle remedio antes de que vuelva a suceder. Y utiliza las estrategias que te contamos en este libro para ponerlo en práctica. Es un reto que se te plantea ahora y que debes solucionar si lo que quieres de verdad es ahorrar tiempo.

[4] Supongo, no sé si un poco precipitadamente, que vas a montar ese sistema de archivo en cuanto sepas cómo hacerlo.

NO ABARQUES DEMASIADO

Si piensas que tu vida es demasiado complicada, es porque abarcas demasiado. ¿Te gusta y eres feliz así? Pues adelante… pero si no es así, habrá que ponerle remedio. (Me temo que si estás leyendo este libro, es porque quizá no estás muy satisfecho con tu vida.)

Y a veces la solución tiene que ser drástica. Si le dicen a un columnista que corte un poco el artículo o que reduzca algunas palabras, eliminará una o dos líneas, pero si le dicen que reduzca un diez por ciento, por ejemplo, la única salida que le queda es eliminar algunos párrafos enteros. No puedes cortar un poquito de aquí y otro de allá. Para que tu vida se simplifique, tendrás que entrar con el bisturí en la mano. No te queda otra solución.

Así es. Si crees que puedes con todo a base de correr, aquí encontrarás algunas pistas para hacerlo bien y sin tanto apresuramiento. Si la prisa te hace estresarte, corta por lo sano; suena fuerte, pero es lo único verdaderamente útil.

Es posible que, con el tiempo, tus compromisos hayan ido aumentando sin dejar nada apartado. (En el trabajo cada vez te exigen más debido a tu puesto, has tenido niños...). Es el momento de pararte a reflexionar y ver todo desde una buena perspectiva.

Sé de gente que cuando atravesó una situación como la tuya, redujo sus compromisos, cambió de trabajo o incluso lo dejó definitivamente. Creo que si no quieres perder la cabeza, tendrás que reaccionar y ceder algo de tu parte; no hay mejor manera de ahorrarte un montón de estrés.

Aún en el caso de reconocer que atiendes un poco menos a alguien, debes recordar que otros se llevan mucha parte tuya. Y ese él o ella a quien *tú* crees que estás dando menos, se reorganizará de otra forma y no te necesitará tanto como antes; no te sientas tan culpable.

NO DESAPROVECHES TU TIEMPO LIBRE

De verdad, ¿piensas que tienes demasiadas cosas por hacer? No quiero hacerme el gracioso, pero la mayor parte de los seres humanos tenemos tiempo libre y te aseguro que no lo aprovechamos para mirarnos el ombligo. Actividades de tiempo libre es ir al gimnasio, hacer deporte, ver la TV, leer el periódico, quedar con gente, pasear al perro, ir a un curso por la tarde o darse un baño. Ninguna de ellas es obligación, tal como se entiende[5].

[5] Sí, incluso sacar al perro. No era obligatorio tener cachorro, nadie te obligaba.

Pensamos que nuestro día a día es demasiado complicado y no nos damos cuenta de que hay muchas cosas que hacemos porque queremos, voluntariamente. Sí, habrá cosas que te has comprometido a hacer, no te lo niego, incluso que vayan en la lista de cosas pendientes, pero son cosas, al fin y al cabo, voluntarias.

En cuanto tenemos un poco de tiempo libre, nos buscamos algo para llenarlo. Y está bien; no hay que sentarse a ver la vida pasar. Pero sé consciente de que estás toda la vida pensando qué hacer y luego, cuando lo haces, te quejas. Si no quieres dedicarte a los niños o a los perros, no los tengas. Si te aburre ir al gimnasio, déjalo.

No quiero parecer negativo; lo que digo es que seas consciente de que muchas de las cosas que haces, las haces por propia voluntad. Entonces, que las disfrutes y no te las tomes como un lío espantoso ni un estrés tremendo. Y si crees que lo son, déjalas inmediatamente[6].

[6] Siempre que sea posible. Por supuesto, no puedes dejar a los perros o a los niños; lo que debes procurar es no tener más.

SÉ
RESPONSABLE

Tengo un colega que siempre llegaba tarde; y eso... si aparecía. Raramente devolvía las llamadas; para lo único que podías contar con él era para perderte todo lo importante. Su falta de responsabilidad era legendaria. A todos nos parecía un horror, pero al final nos acostumbramos y se lo permitíamos porque era un chico con el que lo pasabas muy bien.

Hace unos años me quedé estupefacto con su puntualidad. Habíamos quedado para comer al mediodía y yo, conociéndole, calculé la reserva para las 3 o así. No fue así; llegó a la hora acordada y cuando le pregunté qué había ocurrido, me dijo que lo de la impuntualidad se había acabado; se había dado cuenta de lo poco respetuoso que era hacia los demás un comportamiento de ese tipo. Tan simple como eso. ¿Y sabes una cosa? Que desde entonces, no ha vuelto a ser impuntual.

Si él lo ha hecho, tú también lo puedes hacer. Nunca es tarde para cambiar; si eres de los que deja colgada a la gente o siempre llega tarde, ha llegado el momento. Es cuestión de darse cuenta, como él, de que llegar tarde es una falta de respeto hacia los demás. Todos estábamos dispuestos a perdonarle, pero no por eso dejaba de ser un maleducado; hay gente que lo llevaba peor que yo, claro.

Y no sólo eso; él dice que ahora su vida es mucho más sencilla; sabe dónde estar cuándo. Está mucho más organizado y se desenvuelve mejor con todos sus compromisos. En definitiva: todo el mundo gana.

La gente
no cambia

Ahora voy a decir justo lo contrario de lo que he dicho en el capítulo anterior. Porque, exceptuando a mi amigo[7], la gente no cambia. Si son complicados, hipersensibles, lentos, irresponsables o mandones, lo van a seguir siendo.

¿Por qué te digo esto? Porque cuando tú organizas tu vida, tienes que contar con los demás en determinados momentos. No puedes vivir aislado sin controlar un poco a los que viven a tu alrededor.

Por ejemplo, si tienes el típico amigo que siempre insiste para que te tomes otra copa y luego otra y otra, no te plantees volver pronto a casa o hacer algo temprano a la mañana siguiente. Es decir, que hay que adaptarse un poco a lo que hacen los demás; no se puede ir por la vida alegremente pretendiendo que todos hagan lo que tú quieres. Si tu suegra se retrasa al traer a los niños a casa o interviene en lo que estás haciendo para la comida del domingo, piensa que lo hará una y otra vez. Si no lo hace, te llevarás una agradable sorpresa y ya está.

Personalmente, pienso que gran parte de mi estrés lo provoca el hecho de que la gente no se comporta como yo quisiera (a mí me da igual lo que digan; es su culpa) así que me parece que no soy muy bueno en esto. Pero sí sé que no debo pretender que cambien, ni siquiera soñarlo. Sólo esperar que su idiosincrasia se adapte a mis planes; sólo con eso, la vida resultaría mucho más sencilla.

[7] Y a ti, por supuesto, si estás pensando en hacerte más responsable.

Haz listas

Las listas son de gran ayuda en momentos de mucho lío. En una hoja de papel vas escribiendo todas las cosas que debes recordar; no sólo te ayuda a tenerlo presente, también liberas la mente de esas preocupaciones y puedes pensar en otras cosas.

Pero te advierto: si haces una lista muy larga te dará pereza y jamás la empezarás. Yo tenía una tía que era una experta en listas y que me enseñó a hacerlas útiles y manejables. Decía que siempre hay que empezar las listas con tres cosas:

- Algo realista, rápido y fácil de cumplir.
- Algo que te guste.
- Algo que ya has hecho.

Es una forma de empezar con buen pie y seguir poco a poco con todo lo demás, porque te da la sensación de que no es tan complicado, una vez que las primeras ya las tienes prácticamente hechas.

PREPARADO PARA UN BUEN COMIENZO

Bueno, ahora que ya tienes hechas las primeras cosas de la lista, piensa en lo siguiente que tienes que hacer. ¿Cómo?

Muy sencillo: ir a por lo que más pereza te da, lo más difícil o lo más aburrido. Eso que has ido apartando y postergando; amigo mío, no lo puedes dejar así para siempre; venga, ánimo y al toro.

Me estoy acordando ahora de dos amigos que se mudaban a una casa los dos juntos y alquilaron una furgoneta. Uno de ellos quería cargar todo lo pesado y lo que abultaba primero, mientras que el otro pretendía cargar primero todo lo pequeño y dejar para el final todo lo pesado. A los dos les pasaba lo mismo: dejaban para el final lo que más pereza les daba. Su planteamiento era estar al principio felices y luego cargar con lo pesado: tener un sentimiento de satisfacción más que de temor. Que es, al fin y al cabo, de lo que trata esto.

Visualiza los objetivos ya logrados

Una amiga mía siempre dice que el único aliciente de planchar es imaginarte al día siguiente el armario perfectamente ordenado y con toda la ropa lista para usar. No tienes que perder tiempo pensando en qué te puedes poner, porque todo está perfectamente planchado y colgado para que elijas lo que te apetezca.

Otro colega también dice que la única manera de enfrentarte con ánimo a la limpieza y orden del cuarto de estar, es imaginarse lo que va a disfrutar después, cuando todo esté recogido. A veces, incluso cambia algunos muebles de sitio para darle otro aire.

La próxima vez que te dé pereza hacer algo, piensa en lo que vas a disfrutar una vez la hayas hecho. Si sirve para una cosa tan aburrida como planchar, imagínate lo que será para otras cosas.

NO TENGAS TANTAS COSAS

Perdemos mucho tiempo con algunas cosas o tonterías. Primero buscamos sitio en donde ponerlas, las ordenamos, las limpiamos, las arreglamos, las cambiamos de sitio o nos hartamos de ellas; me refiero a libros, cachivaches, ropa, música, juguetes, cuadernos, coches... lo que sea.

Por ejemplo, ¿cuánto tiempo perdemos con un nuevo reproductor de DVD? Primero hay que elegir uno, luego comprarlo. A continuación, tienes que quitar el antiguo y decidir qué vas a hacer con él. Pones el nuevo, lo instalas con cierta dificultad, sudando y maldiciendo, sin dejar el libro de instrucciones[8]. ¿Cuánto tiempo llevas ya? Y eso, contando con que luego funcionará, porque si no es así, hay que llevarlo de nuevo al comercio, dentro de un plazo legal. ¿Te parece que merece la pena, con la vida que llevamos? ¿No crees que podrías haber hecho muchas más cosas en todo ese tiempo?

Si no tuvieras todas esas cosas, no te ocurriría. Cae por su propio peso, ¿no? No te digo que te conviertas en un asceta; te recuerdo, únicamente, que cada vez que compras algo nuevo, el tiempo que debes invertir en la compra es enorme. Si no dispones de ese tiempo, deberías reducir esas compras.

[8] A no ser que hagas como yo, que lo dejo todo en manos de un mocoso de 11 años que sabe infinitamente más que yo.

Haz listas de equipaje para los viajes

Las listas de equipaje son estupendas para ahorrar tiempo cuando planeas un viaje porque no tienes que pensar tanto en qué llevarte. Te aconsejo que hagas una lista y la dejes guardada en el ordenador para siempre; cada vez que vayas a viajar, la imprimes. Habrá viajes en los que tengas que cambiar unas cosas por otras (no tiene sentido llevarse el pasaporte si no vas al extranjero o meter la crema del sol en enero).

Es muy útil, sobre todo si tienes niños. A medida que se van haciendo mayores, vas tachando de la lista los pañales, el cochecito, el chupete, los manguitos, la mantita (o lo que tu niño necesita para estar más a gusto).

No tienes que marcar las cosas que vas metiendo en la maleta; basta con añadir nuevas: por ejemplo, lo que necesitas hacer en el coche o la comida que quieres llevar; también puedes poner algún recordatorio, como regar las plantas o llamar al lechero para que no te traiga la leche estos días. Vamos, lo que te venga bien. De verdad que ayudan, porque lo haces todo un poco más relajado y te quedas con la sensación de que no se te olvida nada detrás.

ADQUIERE BUENOS HÁBITOS

A menudo nos olvidamos de las cosas. Por supuesto, no de todas, pero sí de algunas. Como nos pasa a la mayoría. Sólo algunos parecen recordarlo todo; no creas que tienen una memoria perfecta, simplemente manejan estrategias para hacer frente a los lapsos de memoria. Y eso es lo que tú necesitas.

Una de las técnicas más sencillas es tener un hábito tan arraigado, que no necesites recordar nada. Uno de mis hijos tiene mala memoria para las cosas pequeñas y cuando empezó la secundaria, me dijo que le preocupaba mucho olvidarse dónde dejaba la chaqueta, porque por las mañanas salía de casa a toda prisa para tomar el autobús y no quería perder el tiempo buscándola por toda la casa. La solución fue sencilla: se acostumbró a dejar la chaqueta colgada en el mismo sitio todos los días. Cuando llegaba del colegio, ahí la dejaba hasta el día siguiente. Al principio, le ayudábamos cuando se le olvidaba, pero al cabo de una semana, lo hacía de forma automática. Ese es el truco. Que no tenía que pensar; lo hacía tal cual. Y creo que nunca más ha vuelto a perder u olvidar una chaqueta.

Esto no funciona para todo, pero sí para cosas que tienes que recordar habitualmente. Antes de consultar el libro de cocina, enciendes el horno. Antes de marcharte de la oficina, conectas el contestador. Antes de subirte a dormir, cierras con pestillo la puerta de entrada y no lo haces a lo largo de la tarde, sino un momento antes de irte definitivamente a la cama, para no tener que andar bajando otra vez. Los hábitos se adquieren en pocos días; al cabo de un tiempo, no vuelves a pensar en lo que debes hacer; lo haces naturalmente. ¡Es una maravilla!

CADA COSA TIENE SU SITIO

Cuando llegas a casa, ¿dónde dejas las llaves del coche? No digo dónde *deberías* dejarlas, sino dónde las dejas, de hecho. Es increíble la poquísima gente que tiene respuesta para una pregunta tan sencilla. Lo normal es que digan: "Suelo dejarlas en un cajón de la cocina/en mi bolsillo/en la entrada/colgadas en el gancho... pero lo cierto es que me cuesta encontrarlas cuando las busco".

Si eres una de estas personas, te sorprenderá y tranquilizará[9] saber que hay gente que jamás ha perdido las llaves del coche. O el móvil, la cartera, el bolígrafo, las gafas. ¿Sabes por qué? Porque tienen un sitio asignado en la casa. Cada vez que abren el cajón de la cocina, ahí están, las preciosas llaves del coche.

Este capítulo es continuación del anterior. Sólo que, en vez de hacer algo en un determinado momento, debes habituarte a dejar las cosas en un determinado sitio. Y es igual: tardas unos días en acostumbrarte, pero una vez hecho el esfuerzo, te parecerá ridículo dejar las llaves/el móvil/la cartera, en un sitio que no es el suyo. Los pondrás, sin dudarlo, en el sitio que les has asignado. De hecho, es ya un hábito no dejarte llevar por la tentación de dejar las llaves, el móvil o lo que sea, en cualquier otro sitio.

Solucionado: otro problema menos del que preocuparte y menos tiempo que perder buscando las llaves por toda la casa.

[9] O enfadará enormemente.

PROGRAMA LA SEMANA

Si no eres una persona muy organizada, esto te va a sonar un poco exagerado, quizá, pero te aseguro que es muy cómodo.

Tienes que fabricarte una página y escribir todo lo que necesitas para programar la semana. Puede que te baste con poner el domingo por la tarde o el lunes por la mañana; eso depende de cómo te lo tomes tú.

¿Cómo hay que hacerlo? Básicamente, lo que tienes que hacer es apuntar todo lo que necesitas para esa semana: la importantísima reunión del miércoles; comprar una tarjeta de cumpleaños para tu hermano y dársela el día que le veas (aunque sea con un poco de retraso)[10], comprar los billetes de tren para el viernes, hacer los papeles del seguro del coche y la moto, anotar también las actividades que han mandado en el colegio, el libro que siempre te olvidas de devolverle a tu jefe... todas esas cosas. A medida que transcurre la semana, vas añadiendo cosas, pero no escribas nada de la semana que viene hasta el recuadro del domingo; no vaya a ser que te líes, te agobies y dejes de usar el cuadro.

Si trabajas desde casa, la programación puede estar, perfectamente, en un cajón de la mesita de entrada o en la bolsa que llevas siempre en el coche (si es que tu trabajo lo realizas en el coche). No tiene por qué ser un cuaderno literal, pero es la mejor opción si trabajas lejos de casa y tienes que trasladarte todos los días.

Quizá es exagerado, pero te aseguro que es mano de santo. Espero que sepas apreciarlo antes incluso de ponerlo en práctica.

[10] Después de leer este libro, los retrasos serán ya algo del pasado.

APUNTA TODO EN UN CUADERNO

Los dos últimos puntos comentados eran verdaderamente útiles (espero que estés de acuerdo) para muchas cosas, pero no para recordar otras no tan corrientes. Por ejemplo, repasar las listas de películas para el fin de semana, hacer más copias de las actas de hoy, invitar a Matthew y Sarah a cenar, comprar un transportador al niño o decirle a tu asistente que llegarás más tarde el lunes.

En este caso, lo mejor es un cuaderno y un bolígrafo a todas horas contigo[11]. Uno pequeño, que puedas llevar en el bolso y en el que puedas apuntar en todo momento lo que va surgiendo. Es de gran ayuda y, sobre todo, una vez está en el papel, no tienes que preocuparte de más, lo cual equivale a menos estrés también.

Insisto: cuesta hacer un hábito de estas cosas, pero al final se consigue y tu vida se simplifica tanto que merece la pena el esfuerzo; luego te preguntarás por qué no lo habías puesto antes en práctica.

[11] Aplícate los consejos del capítulo anterior para no perderlos.

Cuenta los bultos

Haz un poco de memoria, ¿alguna vez no te ha pasado que al volver de compras te das cuenta de que te falta una bolsa y no tienes ni idea de dónde la has dejado? ¿O estar de vacaciones y que no aparezca una de las maletas cuando jurarías que la tenías al salir de casa? Por supuesto que sí; a todos nos ha pasado y todos lo hemos sufrido alguna vez.

La solución es sencilla. Hay que contar los bultos cada vez que te mueves de un lado para otro. No me preguntes si hay que incluir el bolso de mano como bulto de equipaje o si también cuenta el sombrero. Me da igual; puedes incluir a los niños (si es que van contigo) pero lo que importa es que lo sepas tú. Sí, ten en cuenta, si quieres, tu bolso de mano, pero lo hagas o no, está bien.

Sobre todo, cada vez que sueltes los bultos (en el bar, en la caja, en el mostrador de reclamaciones, en el autobús) cuéntalos. Y vuélvelos a contar cuando los cojas otra vez.

Por cierto, lo único que me molesta de esta estrategia (que reconozco que es buenísima) es que a cada rato te estarás planteando: "¿No sería mejor que metiera esta bolsa pequeña en esta grande y así evitarme más bultos?". Lo cual es lógico, pero para hacerlo tendrás que volver a hacer un recuento; es decir, ahora en vez de cinco bultos, tengo que contar tres, por ejemplo.

RACIONALIZA EL EXCESO DE TRABAJO

Si quieres quitarte el trabajo más rápido de lo que lo haces ahora, debes ordenar cada tema en un grupo. De ti depende qué grupos quieres hacer, siempre y cuando tengan sentido. Por ejemplo, hacer todo lo de la cocina primero y luego subir. O primero atender los emails y una vez terminado, te dedicas al teléfono y a preparar tu conferencia.

Es más rápido hacer lo de un mismo grupo al mismo tiempo, porque no tienes que desplazarte y tienes a mano todo lo que necesitas. Además, tu mente se libera un poco y no tiene que pensar tanto. Si tienes que concentrarte leyendo o escribiendo y al mismo tiempo tienes que hablar con gente, te costará luego volver a lo que estabas haciendo. Lo mejor es centrarse en un único grupo de trabajos y una vez terminados, cambiar y dedicarte a otros.

Economiza tus movimientos

Cuando tienes mucho lío, tienes que economizar en movimientos para no perder ni un solo minuto de tu tiempo. Quizá te parezca un poco exagerado; pero te aseguro que es muy útil (y satisfactorio) cuando vas a toda prisa.

Por ejemplo: si subes al piso de arriba, aprovecha el viaje y no vayas de vacío. Casi siempre hay colada que tender, jabón que reponer en un cuarto de baño o juguetes de los niños que se han quedado abajo y hay que llevar a su cuarto de nuevo. Lo mismo si vas al piso de abajo; aprovecha y lleva la ropa sucia, las papeleras o el libro que te estás leyendo. Acostúmbrate a aprovechar los viajes y ahorrarás tiempo y esfuerzo.

Mi rutina con los niños por la mañana está medida al minuto (por eso no necesito levantarme antes de lo que lo hago). Cojo el cepillo de pelo camino de la cocina mientras descorro el pestillo de la puerta, saco el bote de los cereales del armario y abro el portalón para que salga el perro. Cuando las cosas van bien, quizá no sea tan necesario, pero me divierte también esta forma de actuar. Si esta rutina se interrumpe por algo, mi sistema racionalizado no funciona de igual manera.

Multitarea

Una de mis historias multitareas favoritas es la de mi cuñado. Resulta que iba en el coche con el mapa en la mano intentando averiguar cómo llegar a un sitio y hablando de un camino y de otro mientras su mujer conducía; en un momento dado, ella, un poco harta, le dice: "¿Sabes una cosa? Que para ser hombre, eres realmente bueno haciendo varias cosas a la vez; porque has conseguido aburrirme *y* hartarme al mismo tiempo".

Bueno, aburrir y hartar no es tan difícil de conseguir. Pero llamar por teléfono mientras cocinas... ese es otro cantar. Si tienes muchas cosas que hacer, tendrás que aprender a hacer varias a la vez.

Por supuesto, no es posible hacerlo en todos los trabajos. Si tienes que redactar un informe, no lo puedes hacer al mismo tiempo que atiendes a tus padres, que han venido a verte. Pero otras cosas sí lo permiten, sobre todo aquéllas en las que no hay que pensar mucho.

Por ejemplo, puedes trabajar con tu correo mientras esperas que te atiendan al teléfono (esas empresas, sobre todo, que te dejan colgado al aparato durante interminables minutos); puedes leer algo en la pausa publicitaria de la TV o planear las comidas de la semana mientras vas conduciendo. Te aseguro que un poco de multitarea te ahorra muchísimo tiempo.

HAZ ACOPIO DE RESERVAS

Si tienes hijos, seguro que te pasa como a mí: que odio el momento en que tu niño (el viernes) te dice que tiene una fiesta el sábado; corre a comprar un regalo, una tarjeta y papel de envolver.

Eso, si no eres mi mujer, claro, que es una experta en tener siempre algo guardado. Yo le tomo el pelo, pero en el fondo tengo que admitir[12] que es una idea estupenda. En ocasiones, si conoce al niño del cumpleaños, sale y compra algo concreto para él, pero si ve que no tiene mucho tiempo, acude a su armario en el que siempre tiene algún regalito ¡y papel de envolver! Ni que decir tiene, que también tiene un enorme surtido de tarjetas para todo tipo de ocasiones. Y debo confesar que eso nos ahorra un montón de tiempo y de estrés.

Eso, en el caso de los niños, pero también se puede hacer con los adultos. Tener alguna tarjeta, algún detalle guardado para cuando surja la ocasión. Y ya que nos ponemos, recuerda que siempre es útil tener también otro tipo de objetos: bombillas, pilas o sellos, por decir algo.

[12] No ante ella, claro.

PREPARA DOBLE DE TODO

Piensa en las salidas de fin de semana. Siempre hay que preparar lo mismo ¿No te resultaría más cómodo dejar una bolsa ya preparada con un cepillo de dientes, dentífrico, crema hidratante, maquinilla de afeitar o lo que tú necesites para tu aseo personal?

Es una sugerencia. Pero, ¿no te parece estupendo poder ahorrar un poco de tiempo y no enrollarte con esto? A mí sí. Hay que tener una bolsa de aseo preparada y cuando surge el viaje, no pierdes un minuto. Tienes una para casa y otra para viaje, no es tan complicado.

Pero no sólo te hablo de la bolsa de aseo. Hay otras cosas que puedes tener también dobles. Por ejemplo, tijeras en la cocina y en el cuarto de estar. Celofán en el armario de las herramientas y en el cuarto de los niños. Crema de manos en el cuarto de baño y en la cocina. Sólo tú sabes cuánto tiempo pierdes de aquí para allá en busca de una u otra cosa, pero mi sugerencia es ésa: ten dos.

Pon el cepillo de dientes al revés

De pequeño siempre me decían que si quería acordarme de algo, le hiciera un nudo al pañuelo. Ahora, prácticamente nadie usa pañuelo (excepto las tías abuelas). He intentado hacer algún nudo en los *kleenex*, pero se rompen. En cualquier caso, hay otras soluciones para acordarte de las cosas.

Cuando tengo que acordarme de algo por la mañana, pongo el cepillo de dientes al revés. Parecerá una tontería, pero funciona, porque cuando me voy a lavar los dientes al día siguiente, me pregunto: "¿Pero por qué está el cepillo al revés?" y enseguida caigo en la cuenta[13]. La cuestión es que al ponerlo derecho, enseguida visualices eso, lo que tengas que recordar: llevar el gato al veterinario, meter el CD en el maletín o sacar los buñuelos del horno. No falla.

Claro que hay otras maneras de acordarse. Si cuelgas el bolso o la chaqueta en un gancho distinto al habitual, recordarás que el móvil no está ahí, sino que se está cargando. Cada vez que pones un barreño en la mesa de la cocina, te acuerdas de que tienes que regar las plantas. Hazlo como tú quieras, como creas que es mejor, pero hazlo para acordarte. Y en cuanto veas algo que no es lo normal, te preguntas: "¿Pero por qué está así...?"

[13] Por supuesto, hay veces que incluso uno se olvida de lo que tenía que recordar, pero esa es otra historia...

CLAVA UNA NOTA EN LA PUERTA

Ya sé que es evidente, pero ¿lo haces? Cuando vamos con mucha prisa y tenemos demasiadas cosas por delante, lo mejor es escribirlo en una nota y pegarlo a la puerta; así no se nos olvida. “Comprar huevos” o lo que necesites.

No tiene por qué ser en la puerta; debes ponerlo en un sitio por el que vas a pasar o que vas a ver. En el cajón de los calcetines, con las llaves del coche o en el frutero. Si la nota es para tu hijo adolescente, pégasela a la pantalla de TV. Si es para tu hija, pégala al espejo. Si pones la comida del perro por la mañana, pégala cerca de donde esté su cuenco, en el coche, en la nevera[14]... donde tú estés seguro de que la ves.

Nunca me acuerdo del día y de qué niño necesita llevarse al colegio los juegos de cartas/la flauta/el cuaderno de ortografía/el equipo de natación... ¿qué he hecho? Pues me lo he apuntado todo en una hoja y la he pegado en una pared del recibidor. La veo por las mañanas y la sigo a rajatabla.

Ahora, de lo que te tienes que acordar es de dónde guardas las chinchetas.

[14] Eso es lo que mejor me va a mí.

NO PERMITAS EL DESORDEN

Tienes un desorden enorme en casa o en la oficina. ¿Sabes por qué? No, no es falta de espacio o de tiempo para tener las cosas bien. Se debe a más cosas.

Y sé que no es por falta de tiempo, porque conozco a gente tremendamente atareada que, sin embargo, mantiene mucho orden en general. Según he ido observándome a mí mismo y a los demás, el desorden se crea, a menudo, cuando no sabemos qué hacer con las cosas. Las amontonamos en casa o en la oficina sin saber muy bien qué uso vamos a darles. Esa indecisión se convierte en desorden porque no sabemos dónde colocarlas; pensamos guardarlas "por si acaso" algún día las vamos a necesitar.

Si tuviéramos claro qué hacer con las cosas una vez las hemos usado, no tendríamos ese problema del desorden. Las guardaríamos o las tiraríamos, pero nunca se quedarían amontonadas y en desorden. Así es como funciona la gente "atareada pero ordenada".

Ya sé que no puede hacerse de la noche a la mañana. Pero si empiezas a pensar ya en un sitio en el que colocarlas, todo te resultará más fácil y no tendrás necesidad de echarle la culpa a tu falta de tiempo.

APRENDE A SER ORDENADO

Ordenar no sólo es ingrato, también es aburrido. Al menos eso es lo que parece, aunque te aseguro que una vez terminas, te produce bastante satisfacción. Parecido al efecto que produce parar, en un determinado momento, de darte golpes contra una pared de ladrillo. Lo que sí está claro es que es más fácil ordenar cuando sabes cómo hacerlo; no nacemos sabiendo, así que hay que aprender. De pequeños, no parábamos de oír a nuestros padres: "¡Niños, recoged el cuarto!" pero nunca nos decían cómo hacerlo. Al menos mi madre jamás me lo dijo.

Cuando sabes hacerlo, es más sencillo. Sea porque se ha convertido en una rutina o porque tienes que ordenar la buhardilla antes de mudarte, aquí van unos cuantos consejos para hacerlo bien:

- Ten a mano una bolsa de basura.
- Ordena primero las cosas por grupos. Es decir: todos los libros, toda la ropa, los juguetes, los trastos o la basura.
- A continuación, limpia determinadas partes de la habitación: el suelo, la mesa o la parte superior de la nevera. No lo hagas todo al mismo tiempo.
- Amontona las cosas que no sabes dónde van. Eso suele ser siempre un problema porque las vas tomando y dejando luego en el mismo sitio, con lo cual no arreglas nada. Una vez has terminado con lo demás, de ese montón de cosas decide qué vas a hacer con la cuerda, con los recortes de periódico o con la garantía de tu nuevo ordenador.
- Haz un montón también con las cosas que no deberían estar en ese cuarto. Una cosa va a la cocina, otra va al piso de arriba, otra abajo… Esto hazlo al final de todo, porque si te entretienes abajo, corres el peligro de no volver.

Cuando veas cómo ha quedado el cuarto, no te creerás cómo estaba antes de ordenarlo.

Los niños también tienen tareas

Si tienes niños, sabes lo que significa tener una lista enorme de cosas pendientes todos los días. Parece que nunca se termina: ordenar, hacer colada, hacer la comida, preparar las cosas para el cole, marcar los uniformes, clases de música y muchas otras cosas más.

Creo que los niños tienen que arrimar el hombro todo lo que puedan. Sé que es prácticamente imposible que tu vida vuelva a ser la que era antes de que ellos llegaran, pero con su ayuda debes, al menos, intentarlo. Desde muy pequeños, puedes enseñarles y acostumbrarles a cooperar en casa y colaborar, sobre todo, en lo que a ellos les atañe.

Si crees que no hay tareas para ellos, aquí van algunas sugerencias. Muchas de ellas son tareas que pueden hacer niños de cinco años e incluso menores.

- Poner la mesa.
- Meter los platos en el lavavajillas.
- Fregar.
- Colgar las toallas del baño (no sueñes con que sean demasiado ordenados).
- Meter la ropa en la lavadora.
- Poner la lavadora.
- Poner la secadora.
- Guardar la ropa limpia en el armario.
- Sacar las cosas de la compra y colocarlas en su sitio.

Es así como deberías empezar. Llegados a adolescentes, saben que es algo que deben hacer sin que nadie se lo diga y tu vida, te lo aseguro, es mucho más fácil.

NO LO HAGAS TODO TÚ SOLO

Siguiendo con el capítulo anterior[15], una vez has delegado una tarea en alguien, no vuelvas a hacerla nunca más. Te hablo tanto de casa como de la oficina, de comités como de tu club local.

Si alguien descubre que no ocurre nada si no cumple su tarea, es decir, que aparecerá un alma caritativa que la hará en su lugar, no se volverá a molestar en hacerla. Hay que ser firme y no dejarse llevar por la caridad. Si llegado el fin de semana tus niños no tienen nada limpio que ponerse porque olvidaron echar a la lavadora la ropa sucia, se acordarán de que esa tarea era su obligación. Te aseguro que la próxima vez no ocurrirá. Ídem si no pueden comer porque la mesa está todavía con las bolsas de la compra encima y nadie es capaz de quitarlas... o que tu secretario no pueda encontrar esa página web que buscaba porque no se lo apuntó el día que se lo dijiste.

Si cedes, lo estropeas. Y recuerda: cuanto más tiempo tardes en ceder, más tiempo esperarán a que lo hagas la próxima vez. Tienes que saber decir NO por mucho que te cueste ver el horror de desorden en el cuarto de los niños o quedarte sin hacer la comida porque nadie ha sido capaz de sacar la compra de las bolsas.

Si por desgracia ya has caído en la trampa, ponte firme de nuevo y repite a todo el que te quiera oír, que jamás volverás a hacer ese trabajo; *y mantén tu palabra por encima de todo.* Al principio no te creerán, pero comprobarán que hablabas en serio al ver que no haces el trabajo bajo ningún concepto.

[15] Si no lo has leído aún, hazlo ahora y, por favor, deja de ser tan desordenado. Si sigues así, te costará más entender este libro.

Pon fechas límite falsas

Hay gente experta en llegar tarde a todo; bien sea para tomar una copa o para entregar un informe del que tú, además, dependes. En cualquier caso, es un defecto enorme. Pero, ¿qué se supone que debes hacer con gente así? ¿Cómo vas a hacer tú bien las cosas si la gente que te rodea te deja colgada?

La respuesta es sencilla. Si quieres que la reunión empiece a las 8.00 h, diles que empieza a las 07.45 h. O diles que necesitas el informe para el viernes aunque en realidad lo necesites el miércoles siguiente. Si sabes cuánto se retrasa cada uno, marca las fechas límites de acuerdo con sus supuestos retrasos.

Pero recuerda: jamás les reconozcas que haces eso. Porque si por casualidad sospechan o tienen la certeza de que lo haces, volverán a actuar como habitualmente y el invento se habrá fastidiado. Es una pena, la verdad, porque lo que apetece contestarles cuando por enésima vez se disculpan por haber llegado tarde es: "No te preocupes, chico, yo también he llegado a las 8.00 h. Te dije que era a las 07.45 h porque sé que eres incorregible..." Apetecible, pero jamás lo hagas. Es un secreto que debes guardar para ti por siempre.

Utiliza el sistema de reposición

Cuántas veces no te habrá pasado que has abierto tan confiado el armario de la despensa y te has encontrado con que no queda ni un solo bote de judías verdes. O al irte a la cama, comprobar que no queda dentífrico. Para eso está el sistema de reposición.

En realidad, este sistema es un método de control de almacenaje que ya no se utiliza en el mundo comercial. Requiere demasiado trabajo y se considera pesado y pasado de moda, pero no para la economía familiar. Tú no vas a invertir miles de euros en comprar materia prima; te vas a limitar a comprar las cuatro tonterías que necesitas: un bote de judías verdes, un tubo de dentífrico o cosas así. Y eso no rompe ningún presupuesto.

Funciona de la siguiente manera: hay que tener doble de todo. Cuando uno se acaba, sacas el de repuesto. Si se acaba el dentífrico, sacas el que tienes guardado en el armario. Tan pronto como acabas uno, debes comprar otro para tener de repuesto. Si no lo compras, un día te encontrarás con el problema de que no tienes nada.

Establece una regla en tu casa (e involucra a los niños): cada vez que alguien empiece el último paquete, bote, tubo, caja… de lo que sea, que escriba en la lista de la compra que hay que comprar uno nuevo para tener de reserva. Funciona maravillosamente.

HAZ UNA LISTA DE LA COMPRA

No importa si vives solo o acompañado. Hay que tener siempre en casa un papel y un bolígrafo para hacer las listas de la compra y ese papel debe estar siempre en el mismo sitio. Cada vez que te acuerdes de algo, lo apuntas. De esa forma, jamás te olvidarás de comprar lo que necesitas. Cuando vives con más gente, es todavía más importante.

Si ya lo tienes, te costará creer que hay gente que no lo hace así. Cada vez que va a hacer la compra, hace una lista.

Si *no* lo tienes todavía, atiéndeme: la gente no va a creerse que de verdad estás intentando hacer las cosas bien; sin una lista es imposible; te lo aseguro.

Lee más rápido

No soy un lector muy rápido, pero me defiendo. Aprendí a leer así después de comprobar la cantidad de tiempo que perdía intentando resolver papeles en la oficina.

Merece la pena comprarse un libro sobre lectura rápida[16] o hacerse con un buen manual. En realidad, la esencia está en que los lectores lentos van palabra por palabra moviendo los ojos hasta el final de cada línea y una vez terminada, vuelven de nuevo hacia la izquierda para empezar otra. Los lectores rápidos, sin embargo, apenas mueven los ojos, pero los centran más o menos en el centro de la página manteniendo los extremos de las líneas periféricamente en el campo de visión. Las ojean, fijándose en la información que creen más relevante.

Practícalo; se trata de saltar trozos de texto que te parezcan innecesarios o en los que te parece que el escritor se ha enrollado demasiado o se ha ido un poco del tema. Si tienes mucho material que leer, verás que cómodo resulta y, sobre todo, la cantidad de tiempo que puedes ahorrar.

[16] Deberías leerlo muy rápido.

AHORRA TIEMPO

Estás a punto de terminar la cena; tienes que ir a recoger a uno de los niños y de pronto te das cuenta de que tenías que haberte ido hace ya cinco minutos. O bien, estás trabajando en el ordenador y miras horrorizado el reloj: la reunión que tenías debe haber empezado ya y tú sigues ahí, sin siquiera haber terminado los papeles.

A todos nos ha ocurrido alguna vez; la solución es sencilla: tienes que ponerte una alarma que te avise de la hora y parar en ese momento (lo aconsejable es poner la alarma al menos cinco minutos antes de empezar con lo siguiente). Puedes utilizar la alarma del móvil, del reloj o el temporizador de la cocina; lo que tú quieras. Ya sé que es de soplagaitas andar con el temporizador de la cocina en la oficina, pero funciona. Sobre todo, si te lo cuelgas del cuello, no falla; ¡seguro que lo oyes!

ADELÁNTATE

Pongamos un ejemplo: imagínate que, siguiendo el capítulo anterior, tienes unos minutos para preparar tu propuesta antes del comienzo de la reunión porque te has puesto una alarma antes de salir justo del despacho. Está muy bien, ¿no? Ahora imagínate que llegado el momento de la reunión, no necesitas ni siquiera esos minutos porque todo lo tienes perfectamente preparado y solucionado.

Eso, evidentemente, sería todavía mejor. Porque te evitaría estrés. Imagínate, ahora, que llegas por los pelos a tomar el tren; corres, sí, pero sabes que el billete va en la cartera porque tuviste la previsión de meterlo ayer. O vas tranquilo al cine o al teatro, porque sabes con toda certeza que las entradas las tienes en el coche.

Conclusión: cuando te adelantas, la vida es más tranquila y sin sobresaltos. Si tu hijo te dice que tiene que llevar esto u lo otro al colegio el lunes, no esperes para entonces: mételo ya en su mochila o en el coche. Prepara los pasaportes dos días antes de salir de vacaciones. Una vez aprendes a adelantarte, lo haces con todo; al primer síntoma de preocupación por lo que pudiera pasar, actúas. Así te evitas el pánico de después.

RECUERDA
LOS CUMPLEAÑOS

Hay gente que recuerda los cumpleaños y hay gente que no. Perdón. Hay gente que tiene un sistema para recordar los cumpleaños y hay gente que no. Si eres de los que quieres recordarlos, aplícate un sistema, como hacen los demás.

Hay muchas maneras de hacerlo, pero todas son variaciones sobre el mismo tema[17]. En primer lugar, necesitas una agenda en la que apuntar las fechas. No es tan complicado. Lo mejor es utilizar un soporte como Outlook porque tú metes la información y el sistema salta cada vez que te tiene que avisar, pero sirve igual un libro, por supuesto.

El libro tiene una pega: que cada año tendrás que ir copiando los nombres de cada una de las personas a las que quieras felicitar. No es un trabajo duro, ya lo sé, pero lleva su tiempo. (Otra cosa sería si tuvieras un montón de amigos y familiares a los que felicitar.) En cuanto compres la agenda del año nuevo, copia los nombres; si no lo haces, al menos deja la agenda vieja cerca del teclado del ordenador hasta que tengas tiempo para copiarla. Todos sabemos qué pasa cuando la colocamos en una estantería y ahí se queda tan ordenadita...

[17] Aparte de mi sistema favorito: esperar que mi mujer me recuerde las fechas, aunque ese, aparentemente, no cuenta.

ENVUELVE LOS REGALOS DE NAVIDAD

Si eres de los que siempre deja las compras de Navidad para el último momento y luego te agobias, aquí tienes la solución.

Lo habitual es que te prometas a ti mismo que este año no va a ser igual: lo vas a hacer con tiempo, pero luego nunca es así. Llega diciembre y te pilla con todo sin hacer y sin apenas tiempo para prepararlo bien.

Lo ideal es tenerlo casi todo preparado a finales de noviembre. ¿Cómo? Empieza por echar una ojeada a los catálogos que poco a poco van inundando el buzón en septiembre (si no es antes, incluso) y si te gusta algo, cómpralo en ese momento.

Si preparar las diversas comidas de esos días es lo que más estrés te provoca, compra comida preparada o piensa en algo que puedas hacer con mucho tiempo y congelarlo; el día señalado, lo sacas y lo sirves. Se puede congelar carnes rellenas, salsas y todo tipo de guarniciones. Con eso ya listo, sólo te queda hacer un asado como los que haces un domingo cualquiera.

Y si las Navidades te agobian en general, la próxima vez empieza con las compras en enero (antes de que se te olviden las prisas que has tenido este año). No sólo ahorrarás tiempo, también dinero.

Concédete algún premio de vez en cuando

Tenemos tantas cosas que hacer que a veces uno no sabe por dónde empezar... Organizar el lío de Navidad, terminar de hacer un informe en el trabajo o embalar cosas para la mudanza.

¿Sabes esa expresión que dice: "¿Cómo te comerías un elefante? Bocado a bocado?" Pues eso es lo que hay que hacer con todo[18]. Después de cada bocado, te das un respiro. Una taza de té, cinco minutos navegando por Internet o un entretenimiento que a ti te guste y que te desconecte un rato de lo que estás haciendo; por ejemplo, sacar al perro a dar una vuelta. Evita las galletas y el chocolate (si te resulta muy difícil renunciar a eso, echa una ojeada al libro *Cómo perder peso sin sentirte un desgraciado*.)

Si la tarea que tienes por delante es pesada y larga, concédete un respiro también más grande. Cuanto más tiempo estés haciendo esa tarea, menos tiempo perderás en los recreos. Y, como siempre te digo, antes de que te des cuenta, ya tendrás la mitad de todo hecho y podrás ver luz al final del túnel.

[18] ¿Era un colmillo?

BUSCA PEQUEÑOS ALICIENTES

Esta es otra forma de animarte y poner un poco de ilusión para hacer algo. Tengo una amiga que trabaja de Relaciones Públicas y a diario tiene que llamar a muchos periodistas. Dice que lo normal es que no estén en el despacho o que estén de mal humor; para vencer la pereza de las llamadas, tiene un truco: se dice a sí misma que a la décima llamada, le va a atender alguien simpático y amable. Y dice que funciona. Pasa de estar de un humor espantoso a tener una especie de reto personal.

Y claro, yo también me lo aplico. Hay multitud de tareas que cuesta empezar y seguir, pero una vez averiguas el truco, va mejor. También hay que contar con la gente que sabe cambiarte el humor y darte una oportunidad para tomarte el día mucho mejor.

No dudes

Conozco a un chico que no sabe tomar decisiones. Si le preguntas qué quiere, té o café, tarda en contestarte diez minutos. Ha estado 7 años trabajando en un sitio que no le gustaba nada, pero no se decidía a marcharse ni a buscar otro empleo. Y cuando la casa se le quedó un poco pequeña, tardó tanto en mudarse, que cuando lo hizo su hijo mayor tenía ya 6 años.

No se trata de "hacer todo", pero hay que tener en cuenta una cosa: no conseguirás hacer nada sin saber previamente qué quieres hacer. Si de por sí ya eres una persona un tanto dubitativa, debes aprender a tomar decisiones y, al menos, concienciarte de que debes tener una lista de cosas pendientes que hacer.

En los siguientes capítulos podrás aprender unas cuantas fórmulas para poner en práctica, pero recuerda que lo realmente importante es reconocer que podrías haber hecho más si hubieras sido más firme en tus decisiones. Es decir, ¡que empieces por decidir a ser más decidido!

Prepara el terreno

Tardamos en tomar una decisión cuando no tenemos suficiente información. Es lógico: sin hechos, es difícil. Y te lo digo yo, que soy experto en tomar decisiones sin observar antes los hechos; la verdad es que la falta de decisión no ha supuesto jamás un problema en mi vida. Alguno incluso diría que me decido demasiado rápido... El caso es que si eres un poco indeciso, imagino que eres ese tipo de personas a las que les gusta tener antes todo bien claro.

Hay cierta inercia a aplazar la decisión de qué hacer, sin realmente darse uno cuenta de que ya en sí lo estás dejando. Luego, pasa el tiempo y todo sigue igual. La razón, por lo general, es que sabes que no tienes toda la información que necesitas, pero tampoco te pones a buscarla con mucho ahínco. Cuando otras decisiones y acciones dependen de esa decisión que tú estás postergando, es cuando de verdad sientes que no estás haciendo nada. Y es verdad, estás parado.

Es importante reconocer en el momento preciso qué está pasando y a partir de ahí, buscar la información que necesitas: opiniones, estadísticas, precios... lo que sea. Si aún así no eres capaz de tomar una decisión, piensa qué es lo que te falta y ve a por ello. Con todos los elementos claros, no te costará tomar, por fin, la decisión.

SI TIENES
QUE DECIDIRTE
POR ALGO, HAZLO

Si vas dejando las decisiones para más tarde, al final no resuelves nada y es mucho peor. Recuerda la fecha límite; si tienes que tomar una decisión, tómala antes de que sea demasiado tarde; si necesitas tener más datos para tomarla, búscalos.

Es más complicado cuanto más importante es la decisión a tomar, claro. ¿Adónde vamos de vacaciones este año? Para tomar esa decisión necesitas saber cuántos días tienes, cuánto dinero, cuándo es el mejor momento para tomártelas (no tiene sentido reservar en la época de los monzones), cuántos días tienen los niños, cuándo va a poder tomárselas tu pareja, adónde va el resto de la familia, etc. Necesitas tiempo para saber todo eso.

Por otro lado, si lo dejas para muy tarde, te puedes encontrar con que es mucho más caro o que está ya todo completo. Ponte una fecha límite y ajústate a ella, por ejemplo: no más tarde de finales de abril.

Para otras cosas, hazlo un poco más rápido. ¿Estás ordenando y de repente te encuentras con unas cuantas cartas que deberías contestar? Pues no te pares; busca un sitio para ponerlas, de momento, y luego piensa cuándo te pondrás con ellas. No pierdas tiempo.

ÉCHALO A CARA O CRUZ

Ya tienes todos los datos que necesitabas, pero aún así no te decides. ¿Café o té? ¿Renuncias o te quedas otros 6 meses más en el trabajo?

Si es así, que con todos los datos aún no te decides, échalo a cara o cruz. Sí, te lo digo en serio. ¿Qué vas a hacer sino? Ya sé que es fácil decirlo (yo soy un maniático de echarlo todo a cara o cruz incluso sin pensármelo apenas) pero es que a veces *tomar una decisión es más importante que la decisión en sí* (lo creas o no). ¡Claro! Nunca conseguirás hacer nada si no te decides antes a hacerlo. El café se quedará helado y tú seguirás otros 6 meses en esa oficina sabiendo que esa no es la mejor opción; todo por no tomar una decisión.

Si una de las opciones fuera claramente mejor que las otras, deberías plantarte. Ya tienes datos. Si no lo ves y no te inclinas ni siquiera por capricho, intuición o gusto, échalo a cara o cruz.

Si no eres capaz de decidirte a cambiar de trabajo, ¿cómo te vas a cambiar de casa?, ¿adónde vas a ir de vacaciones?, ¿cuándo?, ¿vas a ir en tu coche o en el coche de la empresa?, ¿te vas a apuntar a ese cursillo? ¿Lo ves? Hay muchas cosas que te quedarás sin hacer si no tomas una decisión ya.

Cuéntales la decisión tomada

Una vez has tomado la decisión, debes comunicársela a quien le pueda interesar. No te digo que vayas por ahí contando a la gente que finalmente prefieres café a té; me refiero a las decisiones que afectan a otras personas.

Me gustaría pensar que eso es lo que se hace en los trabajos, pero sé que a veces no sabemos a qué persona debemos comunicar esto u lo otro. Al no hacerlo, les ofendemos y les impedimos realizar su trabajo como deben. Asegúrate siempre de contarle tu decisión a la gente interesada.

Y lo mismo en cuestiones domésticas. No tiene sentido que decidas ir a ver a tu madre el viernes, pero no se lo digas antes. O que hagas una reserva de vacaciones sin contárselo a tu pareja. Te puedes encontrar con la sorpresa de que te diga: "¿Qué dices? Precisamente es en esas fechas cuando se casa mi mejor amiga". Te aconsejo que a finales de abril (o cuando sea) informes a tu familia de las vacaciones: "Bueno, ya está decidido. Nos vamos a Italia la primera semana de septiembre. Voy a reservarlo en este momento".

No sólo por eso; a la gente, además, le gusta que cuenten con ella para tomar decisiones. Y si no lo hacemos, se sienten ciertamente relegados a segundo plano.

AFINA TU DON DE GENTES

Hay gente mejor que otra para las relaciones sociales, es cierto. Pero la clave de este capítulo es hacer hincapié en que siempre se pueden mejorar y que eso repercute positivamente en tu capacidad para hacer y terminar las cosas[19].

¿Por qué? Por muchas razones:

- Consigues que la gente coopere más contigo, con lo cual te liberas de parte de tu trabajo.
- Estás en mejor disposición para decir a otros que no te carguen con más trabajo.
- Si tus relaciones personales y laborales son buenas, tendrás mucho menos estrés.
- Si puedes decir a la gente claramente lo que piensas, la gente te entenderá y hará mejor lo que le pides.

Es decir, que sean como sean tus relaciones con la gente, piensa que siempre se pueden mejorar y que eso hará que tu vida sea mucho mejor.

[19] De acuerdo, son dos cuestiones a la vez.

SÉ FIRME

La firmeza consiste en expresar hechos y sentimientos claramente, sin dejar que interfieran las emociones. A las personas sumisas les cuesta expresar cómo se sienten o qué quieren. Las personas dominantes utilizan sentimientos como el enfado para, en ocasiones, hacer chantaje emocional. Te aseguro que las cosas se consiguen mucho más fácilmente cuando eres claro; a la gente no le molesta porque entiende qué quieres y puede cooperar.

Como siempre, es más fácil decirlo que hacerlo. Si eres de los que nunca ha roto un plato, entiendo que te cueste pedirle a tu jefe que te deje salir a tu hora todos los días. Pero tendrás que aprender a hacerlo si no quieres salir más tarde a diario por culpa de los demás.

Una vez has decidido que vas a ser firme, tienes que practicar. Lo puedes hacer frente al espejo, en el coche o incluso con gente. Si aún así te cuesta, empieza con conversaciones sencillas o con gente a la que probablemente no vas a ver nunca más (dependientes o teleoperadores). No digo que los llames especialmente para practicar; sólo que practiques cuando surja la oportunidad.

Tienes que ser capaz de decir las cosas claramente, pero de forma educada. "Me ocasiona muchos problemas no salir del trabajo a mi hora. ¿Le importaría que lo habláramos y juntos buscáramos una solución para poder salir a las 5.30 h?" Es razonable y educado; estás ofreciéndole la posibilidad de hablar y comentar, de forma que ambos podáis decir claramente qué queréis conseguir.

APRENDE
A DECIR NO

Si eres de esas personas a las que les cuesta decir NO, no hace falta que pregunte por qué estás leyendo este libro. Resulta mucho más difícil reducir la carga de trabajo cuando no sabes decir que no puedes hacerlo.

Te voy a dar algunas indicaciones para que aprendas a decir NO. Cuanto más lo digas, más fácil te resultará.

- Si te parece demasiado duro decir un NO a secas, adórnalo con alguna explicación. No es obligatorio, pero queda mucho mejor. Por ejemplo: "Creo que no voy a poder hacerlo; ese jueves llevo a mi madre a su revisión médica".
- Ofrece una alternativa, si eso te parece menos brusco, pero la que ofrezcas debería ser de tu plena elección. "No puedo trabajar en el informe contigo, pero si te sirve de ayuda, me lo leo entero y lo comentamos juntos".
- Da una solución para el problema. "Yo no puedo ir, pero seguro que puede Josefina" (antes, asegúrate de que Josefina puede y está dispuesta a ir, claro). O: "No puedo acompañarte a ir de compras, pero cómpralo en Internet. Te doy todas las direcciones que conozco".

Son maneras de decir NO de forma constructiva, positiva. Cuanto más lo hagas, más fácil te resultará. Te lo prometo.

Mantente en tus trece

Esta es otra técnica bastante útil para poner en práctica si no eres especialmente firme en tus convicciones. Al verte así, tus amigos y colegas descubrirán que no te dejas convencer tan fácilmente. Además, es educada y absolutamente razonable.

Si ves que alguien te insiste en que hagas algo que no te apetece en absoluto, debes repetir tu negativa una y otra vez, como un disco rayado (o un CD rayado, si eres menor de 30)[20]. Imagina que un padre te pide que recojas también a su hija del colegio. Es una faena, porque no pensabas ir directamente a casa; le dices: "No me importa cualquier otro día, pero no puedo el lunes". Si insiste, se lo vuelves a decir: "No puedo el lunes, porque después del cole nos vamos a merendar a VIPS". Si vuelve a insistir, le dices: "Imposible. El lunes, imposible".

¿Te parece que es un poco brusco? Pues no lo pienses. Es el que insiste el que se pone más brusco, evidentemente. Si la otra persona no se da cuenta de lo pesada que es pidiendo y pidiendo, no se dará cuenta de lo pesada que eres tú negándote y negándote. Si no le gusta tu respuesta, qué le vamos a hacer.

[20] No sé si los CD se rayan como se rayaban los vinilos...

DISTINGUE: HAY GENTE A LA QUE LE RESBALA LO QUE LE DIGAS

El ejemplo del capítulo anterior sirve también para éste. Es decir, que la gente que necesita repetirte una cosa varias veces, por mucho que tú le digas que no, no se siente ofendida ni aludida.

Yo tenía una empleada que se pasaba el día hablando. Jamás se daba por aludida si decías algo en general, así que yo cada vez que pasaba por su mesa le decía (medio en serio medio en broma) "¡Vamos, a trabajar!". Y funcionaba. Un colega me comentó que si tuviera él que hacer eso, se sentiría torpe, rudo y un tanto dictador.

Creo que lo decía porque no percibía de verdad el ambiente y el tono en el que yo lo decía. Por supuesto, si lo sacas de contexto, parece más bien dictatorial y yo tampoco lo haría. Pero esta empleada no se sentía ofendida de ninguna manera. Si hubiera sido así, habría dejado de comportarse de esa manera; habría dejado de hablar ante mi gesto de ceja fruncida o se habría sentido aludida al oírme comentar "lo rápido que se estaba pasando la mañana".

Créeme: hay gente que no le importa que le repitan las cosas mil veces. Y así lo entenderán en diversos aspectos de su vida.

Di lo que piensas

A algunos, decir lo que pensamos nos resulta un tanto difícil. Para otros, no. El problema surge, sobre todo, cuando eres un poco tímido e intentas buscar una forma adecuada de decir algo que podrías decir clara y directamente.

Imagina que una vecina, un poco mayor ya, se ofrece para quedarse con tu niño pequeño mientras tú vas a la compra. La verdad es que no tienes muy claro si está en condiciones de cuidar bien de él, pero no sabes cómo responderle. Te gustaría decirle: "Eres muy amable, te lo agradezco, pero me puedo arreglar perfectamente. Me lo llevo"; te parece un poco brusco decírselo, así que le contestas: "Te lo agradezco... pero no quisiera molestarte de ninguna manera; la verdad es que no me importa llevármelo. Se porta bien". Piensas que has dicho: "No, gracias", pero tu vecina ha oído un ambiguo: "Sí, gracias". Una hora más tarde, suena el timbre y ahí está tu vecina dispuesta a quedarse con el niño y tú sin saber qué hacer. Conociéndote, sé que vas a dejarle, aún pensando que a lo mejor no es la persona más apropiada para quedarse de cuidadora.

Pero si volvemos al principio de este ejemplo, recuerda que no es tan grave decir: "Eres muy amable, te lo agradezco, pero me puedo arreglar perfectamente. Me lo llevo". Si hubieras contestado así desde el principio, te habrías ahorrado todo este dilema.

Debes aprender a decir lo que piensas claramente sin necesidad de circunloquios y palabras. Practica en casa para asegurarte de que dices de verdad lo que quieres decir.

Estate tranquilo

Piensa cómo te sientes cada vez que alguien, a gritos, te dice que hagas algo. No te parece que sea la forma más apropiada, ¿verdad? Las personas no respondemos a los ataques emocionales, sean cuales sean. Si quieres que la gente coopere contigo, pídeselo sin emociones negativas de por medio.

Conozco a una chica que hiperventila cada vez que alguno de sus hijos no hace lo que ella le manda (son chicos mayores; yo jamás he intentado una cosa así, pero dudo que tuviera éxito con mis hijos). A ella le funciona a corto plazo, pero lo cierto es que evitan llamarla e ir de visita, pues saben lo que sucede. A largo plazo, está visto, no funciona.

Cuando una persona se siente atacada, verbal, emocionalmente o ambas a la vez, se pone a la defensiva. Y cuando una persona reacciona así, no le puedes pedir que haga nada, ni que te ayude en nada.

CUENTA HASTA DIEZ

Si ves que alguien te va a poner nervioso por su forma de acercarse y de hablarte, cálmate. Las cosas se arreglan siempre y no tienes por qué quedarte con un mal sabor de boca. Ni que decir tiene que, además, no querrás parecer como el típico que no se sabe controlar.

La mejor opción es decir algo ambiguo, como: "No me gusta mucho este enfoque; lo hablamos más tarde, si no te importa" y te vas. Es mejor que te dé un poco el aire y no estalles. Una vez te has calmado, vuelves e intentas terminar la conversación iniciada.

Si físicamente no te puedes ir, respira profundamente y cuenta hasta diez. Te aseguro que funciona y te permite hablar, después, mucho más pausadamente. Si te resulta imposible hablar sin alterarte, intenta quedarte callado el tiempo que te sea posible.

Ponte en su lugar

Cuando estás muy enfadado con alguien, cuesta mantener una conversación razonable con esa persona. Como ya dije antes, lo mejor es evitarla; una vez te has calmado, la tienes. Pero, ¿es posible iniciar la conversación sin volverte a enfadar?

Una de las técnicas a aplicar es ponerte en su lugar. Puede que no estés de acuerdo, pero al menos ves las cosas desde su punto de vista: no sólo te ayudará a estar más tranquilo, sino que te resultará más fácil encontrar una solución. Resultado: tendrás menos estrés y serás más resolutivo.

Hay gente que discute sin razón alguna o por una razón que a ti no te parece lo suficientemente importante. Piensa en ello. Quizá les preocupa meterse en problemas, quizá están celosos, son muy conservadores con su empleo, con sus hijos, con sus bienes; quizá les aterroriza no ser ascendidos, con los problemas económicos que tienen; quizá se sienten dolidos, ignorados... y lo que quieren es que tú les reconozcas su esfuerzo. No sé. Hay muchas razones. Ponerte en su piel te permite no sólo encontrar antes una solución; también te da espacio para tener cierta empatía con ellos, aunque te parezca que su idea de esto y lo otro está un poco fuera de lugar.

EL ANÁLISIS PROFUNDO

El análisis en profundidad es una técnica conocida en círculos económicos. Es la mejor forma de hacer saber a la gente cómo te sientes sin que intervengan tus sentimientos. Es decir, expresarte de forma firme y directa, sin emociones. Es útil, sobre todo, cuando tienes un problema con alguien desde hace tiempo y no sabes cómo resolverlo; por ejemplo: siempre te piden en el último momento que hagas esto u lo otro, con lo cual acabas saliendo más tarde de tu hora. O ya se ha hecho una norma llegar tarde a las reuniones que tú convocas.

¿Cómo decir a esta gente que estás molesto? En primer lugar, no empieces tu conversación diciendo: "Me he sentido..."; debes decir "Cuando tú... yo me siento..." y, por encima de todo, piensa bien qué le quieres decir antes de empezar a hablar. Evita las exageraciones, los adjetivos, las etiquetas, los juicios y las críticas. Lo más adecuado es expresarte en términos tales como: "Es una faena que me des trabajo siempre en el último momento" (en vez de decirle: "Si tú te organizaras mejor, yo no tendría que quedarme aquí todas las tardes unas horas más"). Luego, tienes que dar una explicación: "Llego tarde a casa y no tengo tiempo para hacer nada".

También tienes que darles la oportunidad de contestarte y saber que es el momento de escuchar. Ten preparados algunos ejemplos por si te preguntan y alguna solución para resolver el problema. Por ejemplo: "Deberíamos acordar juntos una pequeñísima reunión y que me digas qué trabajo quieres que quede terminado en el día". Luego, por supuesto, atiéndeles y, si puedes, comprométete. Es una forma de proceder clara y directa; despejará la situación de dudas y resolverá el problema.

APRENDE A DELEGAR

Evidentemente, no hay como pedir ayuda a los demás. Así es como se consigue terminar lo que has empezado. Hablo de tareas familiares, de los miembros de tu equipo... hablo de encontrar solución a los problemas, sobre todo cuando el problema es el tiempo. Hay gente a la que le resulta fácil, pero para otros el hecho de pedir es un tormento. Si ese es tu caso, es que no lo haces bien; siento ser tan directo, pero así es.

Si te confundes y no sabes encomendar el trabajo correcto a la persona correcta en el momento correcto, jamás funcionará. Hay que saber a quién le pides una cosa u otra; y, además, puede que requiera cierto entrenamiento. Si es así, se lo debes dar. Es importante saber transmitir qué deseas obtener de su ayuda exactamente: la tarea en sí, el modelo, el tiempo, el presupuesto y todo lo que a ti te parezca relevante. Debes darle responsabilidad para que se sienta orgulloso de lo que hace. Por supuesto, tendrá que atenerse a tu criterio (tiempo, coste, modelo y cosas así) pero debes también permitirle cierta iniciativa. Por último, bajo ningún concepto debes dejarle a su suerte. Es importante saber que te tienen cerca, en caso de que te necesiten.

Una vez el trabajo ha quedado hecho, hay que agradecérselo y, si está bien, halagarlo. ¿Crees, si no que volvería a ayudarte la próxima vez que se lo pidieras? A veces, todo esto lleva más tiempo que hacerlo tú directamente, está claro. Pero si esa misma persona lo hace más de una vez, al final te resultará sencillo y rápido pedírselo.

SACA LO MEJOR DE CADA UNO

Si la gente que te rodea está a gusto y contenta, no sólo estará siempre más dispuesta a ayudarte, sino que evitará cargarte con más trabajo. Por eso, es importante tener a la gente feliz y satisfecha; es una diferencia enorme a la hora de trabajar.

A lo largo de los años he aprendido algo importante: que a cada persona le motiva una cosa diferente en su vida. Por supuesto, casi todos queremos reconocimiento, halagos y agradecimiento, pero algunos más que otros. Una vez has descubierto lo que motiva a una persona, le puedes ofrecer el mejor incentivo en su trabajo. Esto lo debemos aplicar al entorno familiar, a los amigos, a los miembros de nuestro equipo o a los colegas de trabajo.

Unos quieren estatus, otros quieren dinero, otros ansían responsabilidad, satisfacción laboral, libertad, retos, reconocimiento o agradecimiento. Cuando sabes qué es lo que motiva al otro, puedes intercambiar lo que él quiere por lo que tú quieres de él.

Y por supuesto, por encima de todo, debes ser honesto, directo, amable, honrado y todas esas cosas buenas (para más información sobre este tema, te recomiendo mi libro *Las reglas de la vida*). Si la gente te respeta y está a gusto contigo y tú les das lo que quieren, ellos te recompensarán con lo que tú quieres.[21]

[21] Exceptuando, por supuesto, a los hijos, que siempre piden más que nadie.

CÉNTRATE EN LO QUE IMPORTA DE VERDAD

Para mí, la familia es lo primero. Sin duda. Luego va el trabajo y después mi vida social, vacaciones y hobbies. Me gusta tenerlo presente, sobre todo cuando tengo mucho que hacer, porque así me organizo y controlo cuánto tiempo debo dedicar a determinada tarea; en qué momento la voy a terminar o incluso si va a ser imposible hacerlo en un día.

No sólo afecta a lo que hago, también a cómo me siento al final del día. Creo que no hay un solo día en el que piense que todo ha quedado terminado y me voy a la cama porque no tengo otra cosa que hacer.[22] Por eso, justo antes de dormir, pensamos en las cosas que han quedado hechas y en las que todavía están pendientes. No, no, la vida no es una aburrida rutina; está lo de tu lista: marcar cosas pendientes como ir al cine, salir con tu mejor amiga, abrir los regalos de cumpleaños, leer el cuento a tu hijo, entregar tu conferencia que a todos va a sorprender y encantar y ganar el partidillo de fútbol entre amigos.

Es una lista de cosas pendientes, sí, pero de cosas agradables. La mejor forma de analizar a la hora de dormir si has aprovechado bien el día o no, es ver si las cosas que realmente importaban, han quedado hechas. Para mí, por ejemplo, el día que he ido al colegio a ver el partido de mi hijo es mucho más valioso que el que me dedico a escribir un capítulo del nuevo libro. Lo pienso así porque sé qué es lo realmente importante para mí. Espero que a ti te pase lo mismo.

[22] ¿Hay otra cosa que hacer? Entonces, ¿por qué estás aquí leyendo este libro con la cantidad de cosas que tienes para hacer ahí fuera?

Prioriza

Si tienes un montón de cosas que hacer y crees que alguna se puede quedar sin hacer (o hecha ya a destiempo) debes asegurarte de que, al menos las que haces son las más importantes. ¿Cómo se sabe eso? Por intuición, supongo. De lo contrario, vas a encontrarte con problemas (algo de importancia que no has hecho, que has dejado equivocadamente para más tarde y ahora te das cuenta de que era necesario) porque ya sabes que las tareas más gordas requieren tiempo y dedicación.

La solución es saber cuáles son tus prioridades. Por ejemplo: ¿Qué haces si el partido de fútbol de tu hijo coincide con la hora de recogida del coche en el taller? ¿Qué haces si tu jefe te pide que termines un informe la misma semana del campeonato de *squash*? Te vas de viaje, tienes que hacer el equipaje, comprar las cosas que te faltan (crema solar, repelente para los mosquitos) y todavía no has arreglado lo de la asistencia doméstica para ese vecino mayor al que tanto quieres. ¿Qué haces?

¿Qué orden vas a seguir? ¿Crees que podrás hacerlo todo? ¿No te parece que te habrías evitado este follón si lo hubieras previsto? (La respuesta a la última pregunta es sí.)

Una vez has comprendido qué es importante en tu vida (página anterior) lo único que debes hacer ahora es seguir un orden lógico de tu lista de cosas pendientes.

APRENDE A DISTINGUIR LO QUE ES URGENTE (DE LO QUE NO LO ES)

Que una cosa sea importante no significa necesariamente que sea urgente. Es fundamental que entiendas esta diferencia si quieres hacer las cosas bien y en el momento adecuado. Decidir a qué colegio llevar a tu hijo para cursar la E.S.O. es importante, sin lugar a dudas, pero faltan aún 6 meses. ¿Crees que es urgente tomar una decisión? Está claro que no. Más urgencia corre comprar leche, que no queda nada en la nevera o contestar al email del colega pidiendo información.

Separa las tareas importantes y urgentes. Habrá ocasiones en las que una tarea sea ambas cosas, claro, para lo cual debes tener claro este cuadro en tu cabeza:

	Urgente	No urgente
Importante	A	C
No importante	B	D

Lo primero que debes hacer cada día son las tareas de la casilla A (urgentes e importantes). Luego, las de la B, luego C y, por último, D (es sencillo, ¿no?). Las tareas urgentes que no son importantes hay que hacerlas, pero no deben ocuparte mucho tiempo. Después de todo, no son fundamentales.

Organiza la lista de cosas pendientes

Supongo que a estas alturas, ya tienes una lista hecha con las cosas pendientes. Intenta escribirlas todas en un mismo sitio, quizá en ese cuadernillo del que ya hemos hablado. Es aconsejable tener dos listas *completamente* separadas (una para hacer de 9 a 5 y otra para el resto). Pero si trabajas en casa o sueles hacer cosas tuyas también en el trabajo, es mejor tener una sola lista para todo.

Ahora, decide el orden en que quieres hacer lo pendiente. Lo primero, lo urgente e importante; luego, lo urgente. Después, debes poner en práctica lo aprendido sobre lo que realmente importa (ver pág. 140) y tu lista de prioridades para saber cómo completar la lista.

Agrupa las tareas por temas (llamadas de teléfono o cosas que comprar); ya hemos visto que eso es muy útil. Ahora, practica esas otras estrategias de las listas que ya hemos comentado. (¿Te acuerdas? Poner en la parte superior lo más fácil para hacerlo rápido y dejar lo complicado para el final.)

Si es la primera vez que lo haces, te costará al principio, pero luego te encantará ver la cantidad de tiempo que ahorras. Una vez te acostumbras, sale solo: colocas en la lista las cosas casi sin pensar, pero todas van en el sitio correcto. Las personas desordenadas agradecen enormemente tener una lista así porque les hace la vida mucho más sencilla. Casi, casi, te diría que luego da hasta pena tachar cosas de la preciosa lista.

La lista de cosas pendientes es perfecta para recordar todo lo que tienes que hacer, pero, ¿dónde se quedan todas esas otras que quieres hacer y no te queda casi tiempo? Oye, recuerda que necesitas un ratito para respirar, sentarte a tomar un café, relajarte con los niños o incluso para terminar la novela, que está apasionante en ese momento.

Todas esas cosas deberían tener su hueco, pero para ello tienes que meterlas en la lista. No son tareas en sí, pero debes darles ese rango para que entren. ¿Cómo? Asegurándote de que las tienes presentes, porque tomarte un café, relajarte con los niños y terminar tu novela, es importante, ¡vaya si lo es!

PLANIFICA TU VIDA

Es bueno planificar un poco y mirar con cierta antelación. Ya sabes que si al andar sólo te miras las puntas de los pies, te pierdes lo mejor y corres el riesgo de chocarte contra una farola. Con la vida hay que hacer lo mismo.

Hay que planificar a largo plazo (formar una familia en equis años, relajar un poco el estilo de vida) y también a un año vista. Si quieres un ascenso, cambiarte de casa o de trabajo, piensa en qué momento quieres hacerlo. De otra manera, sólo sería un cambio más. Con un plan, ves cómo debes ir haciéndolo.

También puedes hacer lo mismo para los próximos tres meses y aún más detallado si quieres planificar el mes que viene. Hay que hacerlo con un cuaderno en el que vas anotando qué quieres hacer en el próximo mes. No tienes que escribir cada semana, simplemente tienes que apuntar, con el máximo detalle, todo lo que quieres hacer ese mes que viene, con menos especificación si es para tres meses… y así sucesivamente. Por último, debes hacer una lista para esta semana y otra para hoy, pero eso ya lo hemos comentado.

Esto no es un diario de citas; es una lista de cosas a largo plazo. De esta forma, sabes en todo momento qué planes tienes por delante y puedes anotar cualquier cosa que quieras actualizar: desde un pequeño capricho hasta un hecho real y tangible.

No te limites a apagar fuegos

Lo normal es pasarte el día bregando con todas las cosas que te tocan: las tareas rutinarias, cumplir con lo que te piden, cartas, emails, pago de facturas y todo eso. Son cosas que tienes que solucionar sin apenas moverte de casa.

Pero la mayor parte de las cosas que realmente te gustan y te hacen feliz (planificar cosas para varios meses o años) no sucederán a menos que tú luches y hagas un esfuerzo para que ocurran. Mudarte de casa, cambiar de trabajo, tener niños... son cosas que requieren un verdadero esfuerzo por tu parte.

Necesitas tiempo para hacer estas cosas; si no lo tienes, sólo estás apagando fuegos y realmente será difícil que ocurran. Sí; los mails serán contestados, los colegios serán atendidos, las compras y las facturas quedarán saldadas, los archivos quedarán ordenados, pero no podrás hacer nada de aquí a 5 años. Si de verdad quieres cambiar, irte, vivir en otro lado de aquí a unos años, tendrás que ponerte en marcha y hacer algo al respecto.

LLEVA UN DIARIO METICULOSO

En tu diario, ¿qué anotas? ¿Sólo las citas y reuniones que tienes? Pues me parece que no le das el uso adecuado. El diario es para muchas más cosas; empieza a escribir en él todo lo que no cabe en tu lista de cosas pendientes y que tienes que hacer a una hora determinada.

El diario debería incluir llamadas de teléfono que tienes que hacer, gente a la que tienes que ver, cartas que tienes que escribir... Si tienes que reservar unos billetes de tren para la semana que viene, anótalo en el diario. Si tienes que devolver algo a tu colega, anótalo. Apúntate la fecha del tratamiento del perro y el día que tu niña tiene que llevar la flauta al colegio.

Si tienes Outlook, aún mejor. Con una condición: que lo uses. De verdad te lo recomiendo de todo corazón; creo que es el mejor recordatorio que hay para todo. Antes de que llegue el momento, te avisa de lo que tienes que hacer. En vez de apuntarte el cumpleaños de tu hermana, grabas en el ordenador que te avise dos días antes; fantástico, así tienes tiempo para comprarle el regalo, la felicitación, lo que sea.

Yo soy un fanático de Outlook y te confesaré una cosa: aprendí a usarlo sin ayuda de nadie, ni siquiera del manual[23]. Y te aseguro que si fui capaz yo solo, cualquiera es capaz.

[23] Soy torpe como un tronco.

APRENDE A DISTINGUIR

A veces ponemos cosas en la lista que realmente no merece la pena hacer. Vamos, que nos empeñamos un poco en hacerlo perfectamente. Está muy bien haber organizado todo el archivo para dejarlo ordenado pero, ¿era necesario colorear cada código y pasarte una hora con las anillas? ¿No crees que hubiera sido más fácil hacerlo de otra manera?

Y hay ocasiones, también, en las que no es necesario hacer el trabajo tan puntillosamente; basta con hacerlo bien, y punto. Por ejemplo: no es necesario marcar el uniforme de los niños dos veces. Basta con escribir su nombre en una cinta con rotulador; ni siquiera necesitas las etiquetas de planchado[24]. Igualmente, ¿crees que es necesario meter tantas citas al final del informe? Sí, es muy impresionante para tu jefe, pero la verdad es que es una pérdida de tiempo y no es imprescindible. Después de todo, si quieren saber algo más, que pregunten.

Todo lo que haces debe merecer la pena y tener una razón clara; de lo contrario, pierdes el tiempo. En un mundo perfecto, todo sería estupendo, pero andamos corriendo de aquí para allá continuamente y no nos podemos permitir esos lujos.

[24] Sabes que lo van a perder de todas maneras.

ORGANÍZATE EN EL TRABAJO

A lo mejor estás pensando: "La verdad es que no necesito hacer todo esto. Me basta con hacer la compra y tener la casa y los niños arreglados." Bueno, es tu elección; si eres feliz así, no quiero ser yo quien te lo impida.

En cualquier caso, si trabajas fuera de casa, es importante tener cierto orden y parecer una persona organizada. Tanto tus colegas como tu jefe apreciarán cómo eres respecto a tu organización; es decir, dependiendo de lo que perciban de ti, te otorgarán un grado de responsabilidad y confianza, sin mencionar ascensos o aumentos de sueldo.

Así que, no *seas* simplemente organizado, *aparenta* serlo, también. No se te ocurra decir cosas como: "¿Dónde habré puesto ahora el bolígrafo? La verdad es que tengo la cabeza fatal" o "Te han llamado por teléfono… espera… a ver si me acuerdo de quién era". Debes parecer, aparentar y actuar como una persona organizada y efectiva. De esa forma, podrán confiar en ti y tu jefe te considerará su salvación en muchos momentos. Te aseguro que eso influye a la hora de pensar en un aumento de sueldo o en una entrevista de trabajo.

DEBES SABER HACIA DÓNDE VAS

Aparte de la lista de cosas pendientes, tienes que tener una visión más amplia de lo que quieres. Saber qué ansías conseguir. ¿Qué te gustaría haber conseguido al final del día? ¿Qué necesitas para poder decir: "Hoy ha sido un buen día"?

Yo te lo digo. Lo que necesitas es un objetivo. Tener la casa ordenada, las compras hechas y todo preparado para el fin de semana. Puede ser terminar el informe pendiente, sentarte a escribirlo y rematarlo. Conseguir que todo el mundo esté de acuerdo contigo en la proposición que les haces respecto a esto y lo otro o dejar arreglado, por fin, el jardín de la casa de tu madre para que ella se sienta a gusto y relajada.

Puedes tener incluso más de un objetivo, pero lo importante es centrarte en uno o dos como máximo. No sólo te ayuda a no perder el tiempo a lo largo del día, sino que te sentirás feliz al final cuando veas que lo has rematado. Si consigues el objetivo clave, te sientes satisfecho, incluso si hay cosillas que quedan pendientes.

Debes saber qué estás haciendo

Una vez has marcado los objetivos para el día, debes marcártelos para las tareas clave en las que estás metido. Simplemente, hazte esta pregunta: "¿Qué sería para mí un buen resultado?"

Si estás ordenando la casa y limpiándola para el fin de semana, ¿cuál es el objetivo que quieres alcanzar? ¿Es una cuestión de quedarte tranquilo? ¿Hasta qué punto de orden y limpieza quieres llegar? ¿Tienes invitados? ¿Crees que es necesario pasar la aspiradora por toda la casa? ¿Retirar todo ese lío de papeles que tienes en la mesa? ¿Fregar el suelo de la cocina? Quizá quieres algo más sencillo: limpiar el polvo, ordenar y que todo huela bien y parezca en su sitio. Si no tienes claro el objetivo, ¿cómo vas a saber lo que debes hacer?

Y en cuanto a esa propuesta en la que estás trabajando ahora. ¿Hasta dónde crees que puedes llegar al final del día? ¿Qué modelo tienes en mente? ¿Crees que es necesario anotar cada capítulo y cada apartado o bastará con recopilar unos cuantos datos estadísticos para apoyar un par de puntos? De nuevo, si no tienes claro el objetivo, no puedes saber qué estás haciendo.

PRIMERO EL NEGOCIO; LUEGO, EL OCIO

Este comentario me lo hizo un familiar que es autista y vive en una residencia; trabaja en asuntos relacionados con la jardinería. Tiene una forma de ser extraordinaria; su forma de ver el mundo es maravillosa y esta es una de sus expresiones favoritas.

Lo que él quiere decir y lo expresa mucho mejor que cualquier publicista, es que debes marcarte unos objetivos y una vez cumplidos, puedes dedicarte a descansar. El descanso debe ser el que tú elijas: un periodo de tiempo para relajarte o ponerte a hacer algo distinto a lo que estabas haciendo en ese momento. Lo importante es que sepas cuál es tu objetivo y que no pararás hasta conseguirlo.

No lo dejes para una semana después

Puedes elegir: contestar a los emails de hoy a lo largo del día o contestar a los emails del miércoles pasado. ¿Qué haces? Yo solía dejarlos hasta una semana después hasta que alguien me dijo que lo mínimo era saber de qué iban los emails del día. Y tenía razón. Además, es una cuestión también de educación, de eficiencia y de orden. Dejarlos para más tarde me resulta ahora ciertamente incívico, desorganizado y poco competente.

Desde entonces, hago el trabajo que me requiere el día a día y no lo dejo para más adelante. No he reducido el exceso de tareas, pero al menos ahora no sufro con esa horrible sensación de pánico que antes se apoderaba de mí. Por supuesto, hay días en que el exceso de cosas me agobia y, como supongo que le ocurre a todo el mundo, no doy abasto para responder los correos. Eso no pasa cuando dejas de un día para otro todo terminado.

Si dejas algo atrasado, es lo primero con lo que te tienes que meter al empezar el día; para eso están las listas y las planificaciones de las que ya hemos hablado. También puedes poner en práctica una técnica que descubrí hace tiempo pero que jamás he utilizado. Llamé a un colega para decirle que no me había contestado a un email que le había mandado la semana anterior y él me contestó: "La semana pasada estuve de vacaciones y cuando volví, borré todo lo que tenía en mi bandeja de entrada. Demasiado trabajo, chico. Sorprendido, le dije si estaba seguro de si entre todos esos correos no habría algo importante y me dijo: "Seguramente habría algo, pero si es tan importante ya me volverán a escribir. Es lo que has hecho tú, ¿no?"

No hagas las cosas dos veces

Si quieres conseguir que todas las cosas apuntadas en la lista queden hechas, no intentes hacerlas más de una vez. Te lo suplico. No tiene sentido leer los emails si no estás en condiciones de contestarlos; es una pérdida de tiempo, ya que luego tendrás que leerlos de nuevo. Puedes echarles una ojeada rápida para ver si hay algo urgente, pero nada más.

Y lo mismo con el correo. No te pongas a abrir cartas y mirarlas para luego dejarlas amontonadas sin contestar. O lo haces ahora o lo haces más adelante, pero no dos veces. ¿Sabías que en una oficina hay papeles que, como media, son mirados y cambiados de lugar y vueltos a mirar unas siete veces? Me parece que tú no dispones de tanto tiempo para tus cosas, así que: cógelo, contéstalo y tíralo; fin de la historia.

Al ordenar la casa, por ejemplo: no cojas una cosa preguntándote qué hacer con ella y dejándola después en el mismo sitio. Si no sabes qué hacer con ella, no la toques ni la muevas hasta que sepas dónde va y qué quieres.

Las únicas cosas que puedes hacer dos veces son las que te divierten y te entretienen: prepararte un gin tonic al llegar a casa y darle un beso a tu pareja.

HAZ LAS COSAS EN SU MOMENTO

Muy bien; así que has decidido que no vas a hacer las cosas con una semana de retraso ni dos veces. Perfecto. No te puedes imaginar la cantidad de tiempo que te ahorras. Has sabido encontrar la manera de estar al día con tus correos y no sabes cómo mantenerte en ese ritmo sin volver a demorarte como antes.

Hay una forma: te pones una norma por la cual te obligas a hacer las cosas según vayan llegando. Ese email que hay que mandar con la información que te piden, el cheque para la excursión del colegio... todas esas pequeñas cosas que llevan unos minutos y que se solucionan rápido.

A menos que tengas una razón para no hacerlo, debes responder a los mensajes de teléfono, de email, de carta en cuanto te pongas con ello. Si no se requiere respuesta, tíralo directamente a la basura.

No digo que sea fácil hacer estas cosas. Yo tiendo siempre a dejarlas un poco de lado y seguir con lo que me parece más importante, pero lo hago mal, porque con eso lo único que consigo es que cada vez sean más las tareas pendientes y lo que antes era un grano, ahora es un montón de arena.

ORGANIZA TU ESPACIO

Otra de las cosas que odio con toda mi alma. ¿Sabes por qué? Porque sé que es bueno, pero me da una pereza enorme.

Si mantienes la mesa y el despacho ordenados, trabajas mejor. Es absolutamente cierto. Piensa en el tiempo que ahorras sin andar rebuscando aquí y allá papeles (que deberías solucionar en ese momento) o la maldita grapadora.

Yo no soy ordenado por naturaleza. Tengo un amigo que lo es, de forma exasperante, diría. Cuando iba a su casa, incluso me pedía que le ayudara a recoger cuando ya me iba. Como contrapartida, yo le pedía a él que hiciera justo lo contrario cuando venía a mi casa. "Por favor, deja esas migas donde están" y "No friegues las tazas ni recojas las revistas que me han dejado en la puerta". No podía soportar el desorden; era algo que le superaba, lo cual me daba la razón, fuera lo que fuera, que ahora mismo no lo recuerdo bien exactamente. Pero yo sé que probaba que yo estaba en lo cierto.

Odio ser ordenado; odio hacer montones de papeles o de archivos y clasificarlos, pero debo reconocer, con harto dolor de mi corazón, que trabajo mucho mejor cuando la mesa está ordenada y despejada.

No pierdas el tiempo leyendo cosas que no necesitas[25]

[25] O no quieres. No incluyo las lecturas de placer.

Algunos trabajos exigen mucha lectura. Por supuesto, si eres corrector de pruebas, no es que tengas mucha lectura, es que ese es, básicamente, tu trabajo. Pero en general, para otros, lo cierto es que la lectura lleva mucho tiempo y a veces no es necesario leerse todo (hasta la letra pequeña). ¿Crees, acaso que tu jefe o tus directores se leen todo lo que cae en sus manos sin dejar un párrafo? ¿Y los ministros? Te aseguro que no se leen todo. Es imposible.

Empieza por echar una ojeada a la página de contenido. ¿Qué titulares te parecen más interesantes? Por lo general, esa página te da toda la información que necesitas; si quieres profundizar, te vas a la sección o al resumen de capítulos y te lo lees. Si no te basta con eso, lee los párrafos últimos del capítulo en cuestión. Y una vez tienes claro el capítulo que te interesa, lo lees, pero jamás empieces de principio a fin.

Si estás suscrito a revistas y periódicos económicos, léete los tres artículos importantes o de portada y del resto, quédate con los titulares. La mayoría de las veces son más que explicativos.

Si tienes gente trabajando para ti, pídeles que se lean un informe o un libro y, en todo caso, que hagan un resumen; insisto: el resumen no debe ser de más de una página.

Es una cuestión, más que nada, de forma de ser. Si eres de los que piensas que tiene que leerse todo, te sentirás culpable al no hacerlo, pero debes pensar en términos de objetivo a alcanzar: leer lo mínimo para obtener lo máximo. Después de todo, obtener esa información es el único punto de ejercicio.

TEN LAS COSAS JUNTAS

Para hacer bien una tarea, debes juntar todo lo que necesitas en un mismo sitio. Parece obvio, pero no ocurre tanto como creemos. Hablo de soportes electrónicos o de una copia impresa, lo que sea, pero que tú sepas que ahí vas a encontrar lo que necesitas.

Y vale tanto para casa como para la oficina. Tener una carpeta para guardar los manuales de instrucción y las garantías; otra para las cosas del coche, otra para las facturas, etc. Parece una tontería, pero no sabes lo cómodo que es y la cantidad de tiempo y estrés que te ahorras cada vez que necesitas un papel y justo está ahí, donde lo habías puesto.

ASEGÚRATE DE QUE EL *BOOMERANG* VUELVE

A veces la gente no hace lo que dice que va a hacer. Es decir, si dicen que van a mandar algo por correo, ¿por qué no lo hacen? Es algo que me pone nervioso, de verdad; no sólo porque una vez que lo dicen, tú te desentiendes, sino porque cuando crees que ya lo han hecho, resulta que tú quedas como un tonto y las cosas que tendrían que ir a continuación ya no van y la lista de cosas pendientes se desbarata completamente.

Para eso es para lo que sirve un diario. Para anotar, precisamente, que tal o cual cosa se ha quedado sin hacer y apuntarla para el viernes o el martes de la semana próxima o para cuando sea. Ya sé que suena un poco arrogante por mi parte ir apuntando los fallos de los demás y que no parece justo o correcto, pero aquí lo importante es que las cosas queden hechas, no culpar a nadie.

Si quieres, no culpes ni te desentiendas, pero acepta que parte de tu trabajo es estar al tanto de que las cosas queden resueltas... ¡y no te olvides tú tampoco!

RESPETA Y HAZ RESPETAR LA HORA DE LAS REUNIONES

Ya sabes qué es lo que más tiempo lleva en los trabajos. Si estás en una oficina y acudes a reuniones, no me hace falta contarte nada; sabes perfectamente qué cantidad de tiempo se puede perder ahí y la cantidad de cosas que podrían haber quedado hechas en ese tiempo.

Aún así, reconozco que las reuniones pueden ser muy beneficiosas. Ahora bien: si convocas una reunión, asegúrate de que empieza y termina a la hora acordada.

Si hay gente que llega tarde, empieza sin ellos y no vuelvas a los temas que se han perdido; si tienen un momento, que se lean las actas de lo ya comentado. Es la manera de aprender a no retrasarse más; además, empezarás a ser famoso por no esperar y la gente se preocupará a partir de entonces de llegar puntuales.

¿Cómo se termina una reunión a la hora acordada? Adjudicando un tiempo determinado a cada tema a tratar. Con algunos, iréis muy rápidos y otros llevarán más tiempo. Pero hay que insistir en el tiempo porque hay gente que se lía con los detalles y se queda atascado con minucias durante horas. Por eso, debes estar atento continuamente y advertir: "Nos quedan 3 minutos para pasar a otro tema, así que por favor decidamos quién va a hacer esto y cuándo lo volvemos a comentar. Fred, ¿estás dispuesto a hacerte cargo tú?". Si respetáis el tiempo adjudicado a cada tema, la reunión no se alarga y termina en la hora anunciada. Así de simple.

No te desvíes
de tu
objetivo

Si vas a estar media hora o media mañana en una reunión, al menos asegúrate de que merece la pena. Al fin y al cabo, una reunión productiva te hace ahorrar mucho tiempo y te ayuda a concretar y terminar muchos temas; vamos, que es un tiempo bien aprovechado.

Si eres un pequeño eslabón de todo el engranaje, poco puedes hacer, pero si eres una de las ruedas principales y el que presides la reunión, puedes ser el artífice de una buena reunión. En primer lugar, haz una nota de cada tema que quieres tratar y del que quieres sacar resultados. Te doy una idea con tres objetivos (a veces será más de una):

- Compartir información.
- Tomar una decisión.
- Determinar y asignar una acción.

Antes de la reunión, debes tener muy claro cuál es el objetivo de la misma; si no es así, corres el riesgo de terminarla sin haber obtenido nada y tener que convocar otra.

EVITA REUNIONES INNECESARIAS

Si trabajas en una oficina, sabes que una cantidad enorme de tiempo se va en las reuniones, como si formaran parte de tu trabajo diario. Una buena reunión es la mejor y más rápida forma de conseguir resultados, pero, como ya sabes, no todas las reuniones resultan productivas. En muchas de ellas se pierde el tiempo miserablemente.

Si ves que la asistencia a una reunión no es absolutamente obligatoria, piensa si realmente necesitas ir. A menudo, asistimos a reuniones porque están ahí, convocadas, sin darnos cuenta de que, seguramente, con leer después las actas, nos quedaríamos más que satisfechos.

Si convocas una reunión, hazlo porque de verdad crees que es necesario. Lo verdaderamente horrible son las reuniones habituales; hay una reunión todos los lunes por la mañana para... para lo que sea. Oye, a lo mejor no todos los lunes es necesario tener esa reunión; a lo mejor sería más productiva cada 15 días o incluso cada 3 o 4 semanas. Piensa un poco antes de convocarla. El tiempo es oro.

No dejes que te interrumpan

Quieres concentrarte en tu trabajo y dejar hechas muchas cosas. Eso quiere decir que no sabes si vas a salir o no a comer, que no sabes a qué hora vas a llegar hoy a casa y que no habrá tiempo para descansar un poco las piernas en la mesa. Vamos, que lo último que quieres en este momento es que te interrumpan, ¿no?

Pues bien, hay bastantes estratagemas que puedes poner en práctica para conseguirlo:

- Para empezar, cierra la puerta cada vez que quieras estar concentrado y que no te interrumpan, *pero no en otras ocasiones.* Si la puerta siempre está cerrada, eso no significa nada.
- En cuanto alguien asome la cabeza por la puerta dile: "Estoy liadísimo. ¿Puedes volver al mediodía/mandarme un email/recogerme para comer?" La clave está en ser tú el primero en hablar, en adelantarte antes de que te propongan algo.
- Si alguien, a pesar de todo, entra en tu despacho asegúrate de que no tiene una sola silla para sentarse en ese momento porque las has apartado en una esquina.
- Si quieres terminar la conversación, levántate o mejor aún, no te sientes en ningún momento mientras hablas con esa persona.
- Si el que te interrumpe no tiene nada que hacer y simplemente se ha pasado por ahí para charlar un poco, dale trabajo. La próxima vez no entrará. "Oye, Bob, ya que estás aquí, ¿podrías llevarle esta carpeta a Ali? A mí no me da tiempo".

No te distraigas con el teléfono

Las interrupciones personales son una cosa pero, ¿cómo evitar las interrupciones del teléfono cuando tienes tanto lío? Te doy algunas ideas también:

- Para empezar, puedes desviar el teléfono o poner el contestador. Cuando tengas un momento, oyes los mensajes que te han dejado.
- En el momento de identificar al que llama y antes de que deje un mensaje, levantas el auricular y le dices: "Hola Kate. Estoy muy liado en este momento. ¿Te puedo llamar yo más tarde?" y luego, en un rato, llamas.
- Si contestas a la llamada, limítate a responder con monosílabos; es la mejor forma de demostrar que tienes prisa y poco tiempo para charlar.
- Otra opción es decir al que llama lo que quiere saber sin darle tiempo apenas a responder. Por ejemplo: "Sí, ya me he apuntado la reunión de mañana, pero te puedo ver 5 minutos antes sin problema. Gracias. Adiós". Click.

ESCOGE ENTRE EMAIL Y TELÉFONO

Si quieres ganar tiempo, elige siempre el email, aunque hay que reconocer las ventajas que tiene el teléfono. Si las sabes, elige el teléfono cuando creas que es necesario y, en el resto, usa el email. Estos son algunos de los casos en los que es aconsejable el teléfono:

- Si necesitas ponerte de acuerdo con alguien para tomar una decisión y debe haber intercambio de opiniones.
- Si corres el riesgo de que alguien se pueda sentir herido, de que te pisen el callo, que te sientas mal, que haya discrepancia o se genere cierta sospecha, el email no es en absoluto aconsejable, ya que puede causar todavía más daño; una llamada de teléfono siempre aclarará más y mejor.
- Cuando el tema a tratar es delicado y no quieres ponerlo por escrito.
- Es difícil mantener una relación por correo electrónico. Si es una persona con la que quieres establecer cierto vínculo y no hablas con normalidad, a veces es preferible levantar el teléfono y hacer una llamada; combinar las dos cosas.

Si no es ninguno de estos casos, utiliza el email. Es mucho más rápido.

Reduce tu bandeja de entrada

Debes hacer algo para reducir el número de correos en tu bandeja de entrada. Por ejemplo, un buen filtro; ya sé que no va a eliminar todo lo que no deseas, pero sí una buena parte, al menos.

Aparte de los correos que se supone que debes recibir (los quieras o no) hay otros, muy numerosos, que son personales pero que se pueden considerar también correos basura. Te hablo de los de bromas y todo eso. Bueno, tienes dos alternativas (las puedes combinar si quieres). Si quieres seguir recibiendo esos correos, pero no en el trabajo, hazte con dos direcciones distintas de email; una del trabajo y otra personal. A cada persona, le das la dirección que le corresponde según sea amigo o del mundo profesional. En los ratos de ocio, mira los correos personales.

La otra alternativa es meter a todo el mundo en la misma dirección (aparte de tu jefe y tus clientes) advirtiendo: "Mi dirección de email es para el trabajo y me lleva mucho tiempo leer todo lo que recibo. Por favor, dejad de mandarme chistes, refranes, vídeos, cartas encadenadas, puestas de sol, peticiones de firmas, cotilleos, fotos y suscripciones benéficas; es decir, todo lo que no está relacionado con mi trabajo. Gracias".

OLVÍDATE DEL *PING*

Es difícil detectarlo cuando está ocurriendo, pero de verdad se pierde muchísimo tiempo cuando estás pendiente de varias cosas a la vez. Le llaman "picotear aquí y allá" y se refiere a todos esos momentos extras que perdemos cuando dejamos algo y empezamos otra cosa: reunir todo lo que necesitas, concentrarte en esa tarea en concreto y luego ordenarlo y dejarlo ya consume su tiempo. Pero si encima estás poniéndote y quitándote de una tarea todo el día, acabas perdiendo el tiempo de forma miserable.

¿Y qué es una de las cosas que más tiempo nos hace perder en ese sentido? Los correos, está claro. En cuanto oyes ese pitido suave en el ordenador que indica que tienes un nuevo email, dejas lo que estás haciendo y abres la bandeja de entrada. Por si acaso. A lo mejor es algo importante, algo que requiere respuesta, una buena noticia, quizá.

No seas tonto. Lo mejor del email, precisamente, es que se queda ahí hasta que lo abres y lo lees; en eso gana al teléfono. El que lo envía sabe que si no abres el correo hasta mañana, no tendrá respuesta hasta mañana. No tiene sentido abrirlo cada dos minutos.

El objetivo debe ser abrir el correo tres veces al día (al llegar a la oficina, después de comer y al final del día). Deshazte de los correos basura y contesta a lo urgente en las dos primeras barridas y luego, intenta contestar a todo al final del día. Una de las ventajas que tiene esto es que puedes programar el tiempo que vas a estar con los correos y no abrirlo corriendo cada vez que suena el *ping*.

DEJA
LOS JUEGOS

Ya es suficiente. Para de jugar. Stop. Saca todos los juegos que tengas en el ordenador. Todos: el solitario, las celdas, lo que sea... son el enemigo número uno de la organización y de dejar hechas las cosas.

ACABA CON ELLO

Si quieres terminar las reuniones y las llamadas de teléfono antes (en casa o en la oficina) no te sientes. El efecto psicológico que tiene el hecho de estar sentado es como estar un poco más atado. Cuando hablas de pie, da la impresión de que tú mismo estás más animado, más fuerte y no te limitas a tener una charla social, sino a intercambiar información.

Quizá te veas un poco ridículo en una reunión en la que todo el mundo está sentado y tú estás de pie, pero no te confundas: todos tienen la misma prisa que tú y les espera la misma lista de cosas pendientes. Por lo tanto, diles que se levanten también ellos y así la reunión es de pie. Es como darle cierto carácter de urgencia, que nunca está mal. Por supuesto, no vale para conferencias y reuniones de dos días, pero sí para una reunión informal de equipo y de proyectos.

NO LO DEJES

Si tu vida va a toda prisa y casi no tienes tiempo para terminar todo lo que tienes, te aseguro que el cambio a una vida relajada y tranquila no se va a dar con una varita mágica.

Hay estrategias para conseguir ese cambio, pero lleva su tiempo. No te desesperes; al principio las cosas van lentas; cuesta introducir nuevos hábitos en nuestra vida.

Ve poco a poco, integrando nuevas acciones en tu vida diaria; una vez los tengas asimilados, añade otros y así paulatinamente. En unos días empezarás a notar cierta diferencia y en unas semanas, será evidente.

Todos podemos terminar las cosas que nos proponemos si lo hacemos bien, incluido tú. Sigue con ello; comprobarás que no sólo consigues más, sino que lo haces con menos esfuerzo en un entorno de vida mucho más relajado. ¿Quién desprecia algo así?